古代歷史文化研究輯刊

二四編

王明蓀 主編

第9冊

含英咀華：遼金元時代北族的漢學（修訂版）（上）

王明蓀 著

國家圖書館出版品預行編目資料

含英咀華：遼金元時代北族的漢學（修訂版）（上）／王明蓀
著 -- 修訂一版 -- 新北市：花木蘭文化事業有限公司，2020
〔民 109〕
序 2+ 目 2+158 面；19×26 公分
（古代歷史文化研究輯刊 二四編；第 9 冊）
ISBN 978-986-518-259-5（精裝）
1. 漢學史 2. 宋遼金元史
618   109011119

ISBN-978-986-518-259-5

9 789865 182595

古代歷史文化研究輯刊
二四編 第九冊   ISBN：978-986-518-259-5

含英咀華：遼金元時代北族的漢學（修訂版）（上）

作　　者　王明蓀
主　　編　王明蓀
總 編 輯　杜潔祥
副總編輯　楊嘉樂
編　　輯　許郁翎、張雅淋　美術編輯　陳逸婷
出　　版　花木蘭文化事業有限公司
發 行 人　高小娟
聯絡地址　235 新北市中和區中安街七二號十三樓
　　　　　電話：02-2923-1455／傳真：02-2923-1452
網　　址　http://www.huamulan.tw 信箱 hml810518@gmail.com
印　　刷　普羅文化出版廣告事業
修訂一版　2020 年 9 月
全書字數　345272 字
定　　價　二四編 21 冊（精裝）台幣 62,000 元

含英咀華：遼金元時代北族的漢學（修訂版）（上）

王明蓀　著

作者簡介

王明蓀，生於 1947 年。中國文化大學國家文學博士，曾任教於淡江、佛光、中興等大學，並曾兼任系所主任、教務長等職。現任中國文化大學史學系兼任教授。發表學術論著七十餘篇，專書十餘種。

提　　要

　　本書為研究近古時期遼金元三代北方民族漢學的專著，是中國史上「胡漢」關係中的一部份，又是討論「漢化」課題的重要部份，而在學術或文化史上，也具有相當的意義。繼早期陳垣探討元代西域人華化，近期蕭啟慶探討元代蒙古人漢學以來，本書研究以契丹、女真、蒙古、党項、西域等北方民族在近古時期的漢學研習及其漢學實際情形，並將陳、蕭所作加入分析討論。

　　近古約五百年間，北族在遼金元三代的漢學，本書有全面的蒐集與論述，由五大部份組成，其一、為論漢化與漢學之間關聯；其二、為論遼代帝后及契丹族群的漢學；其三、為論金代帝后及北族族群的漢學；其四、為論元代各北族群的漢學；其五、為綜論三代北族的漢學與特點。全書以十章分別論述而成。

自 序

　　近古史的教學與研究是個人較長期從事的工作，因之也用力較多。近古史即通稱的宋元史，然其間尚有契丹遼、女真金與兩宋並峙分立，旁及於党項夏。時間上略前伸於五代十國，稍後延至明初，共約五百年左右，則時間不可謂不長，課題不可言不繁。在此十至十四世紀的中國史，個人又較側重於遼、金、元三個北族建立的朝代，考其興亡盛衰之際，又欲研究其社會文化之變遷。文化變遷在多元族群多元文化時代裡，更值得注意，而在這方面的研究始終則以「漢化」為核心議題，雖眾說已多，然紛紜不少，且論者又絕大部分為概述、略言作成，固然有其見地，但多已不能滿足現代研究的需求。

　　「漢化」與「胡化」都是文化的變遷，在中國史的研究領域裏，討論「漢化」是思考北族政權與漢文化的關係，即北族既入中國，則如何面臨漢文化這個總的課題，其二是觀察漢文化在北族政權中究竟有何地位與價值這個總的課題。個人以為從不同立場作雙向探討而形成的「漢化」研究，應是可考慮的方向，但其間需要探討的主題頗多，同時宜作細部、基礎的工作，庶幾能有較詳盡的面貌。

　　基於個人的思考，乃擬定探討「漢化」中的漢學問題。在本書中有幾篇論文初稿，雖曾於學報期刊中發表，但都再經過修訂增補，面貌已非其舊，繼之又有新作，總而完成專著。歷數年系列的研究，將遼、金、元三代北族的漢學作成本書，尚祈讀者賜教。又本書寫作其間，得助理陳正庭先生忙於借書、輸入電腦等工作，花木蘭文化出版社負責人高小娟及總編輯杜潔祥先生為本書籌劃、出版等費心，併致謝於此。

2012 年春正月
序於中國文化大學史學系
王明蓀

目次

上 冊

自 序

第一篇 緒論——略論遼金元時代北族的漢學與
　　　　漢化問題 ……………………………………… 1

　一、引言 ………………………………………………… 1

　二、北族的漢化問題 …………………………………… 3

　三、遼金元時期的北族漢學問題 ……………………… 9

　四、結語 ……………………………………………… 18

第二篇 論遼代帝后之漢學 ……………………………… 21

　一、前言 ……………………………………………… 21

　二、研習與倡導 ……………………………………… 22

　三、漢學之成果 ……………………………………… 29

　四、結語 ……………………………………………… 33

第三篇 遼代契丹族群之漢學 …………………………… 37

　一、前言 ……………………………………………… 37

　二、前期漢學 ………………………………………… 38

　三、中期漢學 ………………………………………… 42

　四、晚期漢學 ………………………………………… 57

　五、結語——契丹漢學之分析 ……………………… 62

第四篇 金代帝后之漢學 ………………………………… 65

　一、前言 ……………………………………………… 65

　二、金初漢學之啟蒙 ………………………………… 66

　三、金代中期諸帝之漢學 …………………………… 69

　四、晚期諸帝之漢學 ………………………………… 79

　五、結語 ……………………………………………… 83

第五篇 金代北族之漢學 ………………………………… 85

　一、引論 ……………………………………………… 85

　二、初期之漢學 ……………………………………… 87

　三、中期之漢學 ……………………………………… 99

　四、晚期之漢學 ……………………………………… 123

　五、漢學其他相關資料 ……………………………… 151

　六、結論——金代北族漢學之分析 ………………… 155

下　冊

第六篇　元代契丹女真人的漢學……………159
一、前言……………159
二、元代契丹人的漢學……………160
三、元代女真人的漢學……………178
四、結語……………211

第七篇　元代唐兀人的漢學……………217
一、引言……………217
二、西夏國的漢學基礎……………218
三、元代唐兀人的漢學……………221
四、結語……………250

第八篇　元代蒙古人的漢學補述……………255
一、序言……………255
二、蒙古人的漢學補述……………256
三、其他相關漢學的討論……………281
四、結語……………288

第九篇　元代西域人的漢學……………295
一、引言……………295
二、初期漢學……………297
三、中期漢學……………305
四、晚期漢學……………328
五、結語……………363

第十篇　餘　論……………373

徵引書目……………381

第一篇　緒　論
——略論遼金元時代北族的漢學與漢化問題

一、引　言

　　北方民族自古以來即為中國歷史文化構成的部份，構成的情況有其發展的過程，透過歷史的觀察較易於尋找出其間的脈絡。除去北方民族在中國歷史上建立過一些朝代外，其他民族也曾在各時代中建立其國或地方的政權。傳統的歷史書寫是以朝代的遞嬗為主軸，這雖不失為一種簡便的認知方式，但往往有輕重偏失的侷限，以至於除「正史」所載的主體對象之外，其餘皆不足以詳記細述。「正史」編修固然有其體例及修史的資料、過程等因素，也有其時代的背景與主觀意識等因素的作用，此暫且不論。以「正史」而言，廿六史中有魏（鮮卑）、遼（契丹）、金（女真）、元（蒙古）、清（滿族）五朝的史書，共六種（元代有新、舊二種，暫加上《清史稿》）。擴大些來看，尚可加入《北史》、《周書》、兩《五代史》（五代史有三朝為北族系）。這幾部史書記載北族所建立的朝代，佔廿六史中近 40%，資料可說不少，所記不可謂不多，而且其他諸史書中涉及北族史事所在多有，同時尚有如〈外國〉、〈四夷〉等列傳，可說並未完全忽略其時「外族」的相關記載。資料自不限於諸史書，其他文獻、金石、考古等都有相當的材料可供利用。

　　以上簡略地指出北族朝代都有其專屬的史書，提供了基本的資料。史書的編纂書寫雖然是後人追記完成，但並非全依賴後人的記憶來追寫，而是有多所根據的資料，甚至是當時人的歷史書寫或文本而來。北族的幾個朝代都

採用了漢式的史官修史及史官制度，在當時已有史書的修纂工作，保留各種文類、形式的史料，後來作為修史的依據。史書各有優劣良否之處，也各有其因素造成，此處暫不討論；對於歷史研究而言，較注重的應是史料的價值。北族各朝的專史仍不脫漢族各朝的修史傳統，其體例、書寫大體無異，不過在些許地方有條目的差異，如《遼史》的〈營衛志〉、〈世表〉、〈遊幸表〉，《金史》的〈世紀〉、〈世紀補〉、〈交聘表〉，《元史》的〈兵志‧宿衛〉、〈諸王表〉、〈宗室表〉，這些例子正能說明三朝北族的部份特色。

　　北族朝代中的史書大約可佔廿六史的 40%，在歷史時間中也佔有相當的比重。若以學者較周知的魏復古（K. A. Wittfogel）分類方式來看典型中國朝代（Typically Chinese Dynasties）與征服王朝及滲透王朝（Dynasties of Conguest and Infiltration），前者為秦漢（221B.C.～A.D.220）、分裂時的中國朝代（指晉、五胡十六國及南北朝時期的南朝，220～581）、隋唐（581～907）、宋（960～1279）、明（1368～1644），後者為拓跋魏及其前後北方蠻族朝代（386～556）、遼（契丹）（907～1125）、金（女真）（1115～1234）、元（蒙古）（1206～1368）、清（滿州）（1616～1912）。典型中國朝代與征服滲透朝代各佔五個，似乎安排成各居其半的時期。〔註1〕這是秦漢及其後傳統朝代觀念所作的區分，用以說明中國歷史上朝代是北族與漢族各居其半，並且在相當長的時期裏是南北分裂對立的局面。北族只有在元、清二朝成為完全征服、統一的時期，其他三個朝代僅據有部份的中國之地。當然在以朝代來看北族與漢族的歷史不免有所侷限，如秦漢時期的匈奴、鮮卑、西羌等都被忽略，隋唐時的突厥、回鶻、吐番及南詔（在西方及南方）等也未受注意；宋朝時尚有鼎立的西夏。這些北族在當時都是與中原漢族朝代對立之「國」，即如在這些中原朝代的史書中也都未遺漏「北國」的專篇記載，可見北族之國還不止這樣的局面。

　　暫以魏復古的區分法來看，北族與漢族朝代是平分秋色之局，在時間上漢族朝代約有一七二八年，北族朝代約有九六〇年，這是從各自佔有的時間來看。大體上北族朝代佔有的時間約為漢族朝代佔有的時間之半，若從秦漢帝制以下的二千一百餘年整體來看，則北族朝代在期間約略有近半時間，若再將秦漢時的匈奴計入，則可更佔到兩千餘年的半數時間。以上簡略的敘述，

─────────────

〔註 1〕參見 Karl A. Wittfogel and Feng Chia-sheng, "History of Chinese Society Liao". Dhiladelphia,1949. pp24～25。

在於強調北族於中國歷史時間裏所佔的比重。再就史書所寫的朝代史來看，廿三部史書（唐史、五代史、元史各取一部）除去北族朝代專史外，幾乎未有任何一部史書全無北族的相關記載，這也大體呼應了前述歷史時間的比重。

魏復古以北魏及五胡各國為滲透王朝，在於其建立政權國家的方式有異於遼、金、元、清的由外入侵而征服中國之別，故而遼、金、元、清四朝被視為較典型的征服性質。征服王朝的理論受到日本學界較大的反響與討論，有的以金、清二朝與遊牧的遼、元二朝有別，不應列入征服王朝之中，如村上正二。有的以為契丹是北亞的胡族國家，不當置入中國的征服王朝之列，如島田正郎。有較多數的以為遼、元與金、清雖有社會經濟背景的差異，但不妨礙都屬於征服王朝同類，如護雅夫、田村實造等。〔註2〕關於征服王朝的理論問題，此處暫不討論，但依此理論的提法，筆者以為被視為滲透王朝的五胡各國及北魏應該屬於征服王朝的性質，而且對後來遼、金、元等朝有啟後的作用，反而特別值得注意。又關於「征服王朝」的提法，筆者有著不同的看法，此待以後再論。

二、北族的漢化問題

北族朝代或征服王朝與漢文化有密切關係，而漢文化又與北族的漢化問題不可分離。北族相對於漢族而言是少數民族，自秦漢以來生聚於漢族的周邊，北方以長城為簡便的區分，長城內外是兩個社會、文化的「世界」，即如《史記》所載，漢文帝致匈奴書中說：「先帝制：長城以北，引弓之國，受命單于；長城以內，冠帶之室，朕亦制之」。〔註3〕如此胡漢兩分的局面，在文化關係與重大的影響上幾乎未能明顯存在彼此的交融，即使透過貿易、使臣、和親等方面，作用也極為有限，並未產生本質上的影響。當胡漢關係越密切或局面改變，大約文化關係就有所不同，如南匈奴、鮮卑及其他諸北族的入居塞內，或漢族人士出塞投居北族之地，就發生文化的傳播及影響；當然漢族也受到北族文化的影響。

秦漢以來北族與漢族的胡漢文化傳播是雙向、多方面、多形式的。自匈

〔註2〕日本學界對征服王朝的討論，參見鄭欽仁、李明仁編譯，《征服王朝論文集》（臺北縣，稻鄉出版社，民國88年）。

〔註3〕見《史記》（北京市：中華書局，1982年。以下所引諸史，皆中華書局本），卷110，〈匈奴列傳〉，頁2902。

奴以來各時代的北族與漢文化、漢人接觸，或漢人將漢文化帶入北國，在史料中都不難尋閱得到，但其影響則遠不如在征服王朝時代。既是征服王朝，北族統治者為政權的主體，漢族官僚雖然也部份加入於統治階層，但軍國政權仍掌握於北族手中，漢人及漢文化與北族及其文化間的關係如何？應是這些時代裏重要的課題；簡言之，即胡（蕃）漢關係的課題。在相當長的時間裏，這個課題始終為研究者視之為重點，也由其中的各個問題及不同角度地提出探討，論著頗多，難以詳列；可以說於征服王朝的各朝代都有這方面的論著。

　　就北族朝代對漢文化的態度及其影響而言，形成所謂「漢化」的問題，此不止於統治現實層面如政治、軍事、經濟、法律、社會上等等，還涉及心理、思想層面。同時在「胡漢」文化的結構功能、社會、文化變遷等都可於其中得到觀察。然則通常討論北族的「漢化」課題，較側重於統治的現實層面，近似於一般朝代在各方面的探討，當然這是對朝代歷史的基礎研究而又與「漢化」有關，也可以顯現出北族朝代的特色，在其中同樣可以觀察其歷史的發展。

　　北族朝代的「漢化」結果如何？亦即「漢化」與否？又其情形如何？這裏先舉二個通論性的論述為例。一是姚從吾對於國史擴大綿延的看法，〔註4〕他以「中原儒教大同文化」為基礎，說明國史悠久綿延的原因，提出文化、地理與物質、民族智慧與哲學、歷史的四個因素，而總因素即是「儒教大同文化」。在歷史演進中有兩大階段，以十世紀初唐帝國瓦解為劃分，此前為儒教文化發揚光大時代，此後為儒教文化接受考驗的時代，而後者即與「漢化」有關，他以為契丹、女真、蒙古、滿州雖然入侵，但「皆無例外的依次接受了中原儒教的文化，逐漸變成了廣義的中華民族」，因此說「中華民族的歷史，就是儒家大同主義文化的發展史」。他引證傅朗克（Otto Franke）、傅斯年、雷伯倫、梁啟超、胡秋原諸人的看法，論證歷史的分期與民族文化的關係。對於北族方面，言及兩元政治、全部或部份接受漢族（中原人民）的生活方式，以及「無例外的均為儒教大同文化所同化」。姚先生所說的國史是中華民族的歷史，北族皆在其內，係由於這些北族都接受並被儒教大同文化所同化之故，這也是中國多元民族、多元文化經過「五大醞釀、四大混合」的結果。

〔註 4〕見姚從吾，〈國史擴大綿延的看法〉，收於氏著《東北史論叢》，上冊（臺北市，正中書局，民國 59 年），頁 1～26。該文初發表於民國 46 年。

依本文的題旨來看，北族是接受了漢文化（儒教大同文化），並且漢化的結果是「同化」（assimilation）。

姚先生為遼金元史研究的前輩名家，關於漢化的問題另有數篇論文作專題探討，〔註5〕雖然他仍以「漢化」為主旨，但他主張用「華化」較為適當，或許是受陳垣先生《西域人華化考》的影響。其次，他並未主張遼、金、元三朝都已全盤漢化，而是部份採用了漢文化，亦即這些北族接受漢文化，並進行過「漢化」，結果是有些被「漢化」的情形，因此他以「同化」一詞作為功能性地指稱是可理解的。將漢文化的儒家思想為中國文化的主體，以北族接受漢文化的角度來看，即為「漢化」，其結果視之為「同化」，而且促成了民族、文化的融合，這應是多數學者的觀點，如錢穆說異民族進入中國，全同化為中國人，五族共和就是同認為是中國人，異族終究融化或同化於中國。〔註6〕

另一個通論性的例子是張博泉的「中華一體」論及費孝通所提出的「多元一體」論。張博泉提出稍早，他由「天下一體」發展出「中華一體論」，以同一、統一為一體，多元是多種事物間的對立和並存發展、轉化和聯繫。多元共存於一個大系統的「統一體」，分別由環境、觀念、系類為其中華一體的結構，漢族與漢文化為整體中居於主體與核心地位。對於漢化與華化有不同概念，前者是「化於漢族中，民族隨之消失」，後者是「華化於中華一家中，民族仍保留而不消失」，華化的層次高於漢化，漢為族稱，華是包括各族的總稱，他雖然有概念的分疏，但回到歷史的情況及語境來看，華與漢並無區別，華化與漢化也幾乎是等同的；張先生的看法是他的現代論述。至於費孝通的論點與張博泉相近，較重於民族關係，費先生說這是他多年來探索的「中華民族多元一體格局」，〔註7〕由歷史上民族關係與發展得出的見解。他指出中

〔註5〕姚從吾對於遼、金、元三朝代的漢化論著有多篇，以下列三篇為例，〈契丹漢化的分析〉、〈女真漢化的分析〉，收於《姚從吾先生全集》（五）（臺北市，正中書局，民國70年）；〈忽必烈對於漢化態度的分析〉收於《東北史論叢》下冊。

〔註6〕參見錢穆，〈中國文化叢談〉、〈從中國歷史來看中國民族性及中國文化〉，兩文皆收入《錢賓四先生文集》（臺北：聯經出版事業公司），前文見於第44冊，頁47～52，後文見於第40冊，頁30。

〔註7〕參見張博泉，《中華一體的歷史軌跡》（瀋陽市，遼寧人民出版社，1995年），在〈卷頭胝語〉中，言其「中華一體」提出於1981年，後寫出〈中華一體論〉發表於《吉林大學社會科學報》1986年第5期。應早於費孝通所論。對

國有多元民族、多元文化，經過交融匯集，以佔最多數的漢族為凝聚核心，
這個「自在的」民族實體是幾千年的歷史過程所形成，而作為一個「自覺的」
民族實體，則是近百年來中國與西方列強對抗中所產生的。自在的民族實體
從中國人群多元的起源到新石器文化的多元交融，由多元之上加增了一體的
格局，而夏商周三代正是漢族前身華夏集團從多元形成一體的歷史過程，漢
族是凝聚的核心。漢族與四方民族的相互流動、混合、融化，其具體條件是
複雜的，而主要的是社會與經濟的需要，以及政治上的原因。農業經濟是漢
族凝聚力來源的主要因素，但在中華民族的統一體中，存在多層次的多元格
局，這個多層次的多元關係又有著分分合合的動態與分而未裂、融而未合的
多種情況。

　　以費孝通的觀點來看，他是採民族（中華民族）史觀而論，以漢族為凝
聚核心，完成多元一體格局的歷史。多元是指多民族結構，一體是指多民族
摶成的中華民族，在歷史上有其分合的多種情況。雖然費先生未多論文化的
情形，但揆其意也就是多元文化及一體文化的格局關係，至如說北族融入漢
族之中，不抗拒漢化或者大量的漢化，幾乎是說「同化」的意思了。不過，
他仍指出民族間尚存在融而未合、分而未裂的情形，亦即並不是完全的「同
化」。

　　姚、錢、張、費等人從大歷史的角度觀察了民族與文化的關係，採取漢
化、同化來概括，讀來似乎有大漢文化主義的觀點，姚、費二人都看到漢族
的影響力，而漢族文化（儒教大同文化）與漢文明（農業經濟）是漢化或同
化的主要力量。但若假設這些非漢族不入中國是否能「中國之」？是否有漢
化或同化的結果？他們在朔漠松林或白山黑水間，可能會有漢化或同化的問
題發生？若依此來看，是否又與地理決定論脫離不了干係？《禮記》中記載：

> 凡居民材，必因天地寒煖燥濕，廣谷大川異制，民生其間者異
> 俗，剛柔輕重遲速異齊，五味異合，器械異制，衣服異宜。脩其教
> 不易其俗，齊其政不易其宜。中國、戎夷，五方之民皆有性也，不
> 可推移。東方曰夷，被髮文身有不火食者矣！南方曰蠻，雕題交趾

此問題的疏解參見宋德金，〈一個理論命題的前世今生〉，《中國社會科學報》，
第9版，〈歷史學〉，2001，3.3 節錄文，原稿承作者轉寄。費孝通，〈中華民族
的多元一體格局〉，此文為應香港中文大學講演（1988年），收於《中華民族
多元一體格局》（北京：中央民族學院出版社，1989年），頁1～36。

有不火食者矣！西方曰戎，被髮衣皮，有不粒食者矣！北方曰狄，
衣羽毛穴居有不粒食者矣！中國夷蠻戎狄皆有安居，和味宜服，利
用備器。五方之民言語不通，嗜欲不同，達其志而通其欲。〔註8〕

因地理環境不同，氣候不同，生聚之民的氣性才藝就有所不同，各地習俗、
性情緩急不一，飲食、器械、衣服都有所相異，故而修教化、施政令要隨其
風俗所宜。中國華夏民族與四方戎夷都有其性情及風俗文化，也都有自己的
食、衣、住、行、物器等。五方各地的民族有著不同的語言、嗜欲，因此透
過傳譯以曉達領解其心志及風俗好惡。這裏簡要的說明各地的民族本就有其
文化及相異的文明，在政教上並不採取「同化」或「漢化」的措施，反而應
以「俗宜」為策略，也可說是「因俗而治」，採取尊重習俗文化的原則，又由
於語言不通，嗜欲好惡不明，應透過傳譯來溝通其習俗文化等心志。這種尊
重與包容自是「王制」的理想，為華夏的中國對其他民族的正確態度，若在
此種情況下發生的「漢化」或「同化」，當是民族間的文化接觸、交流產生的
結果，亦即文化變遷的結果。

　　不可否認地漢（華夏）民族有高度的農業文明，漢文化為強勢文化，對
其他民族具有相當的吸引力與影響力。當帝國強盛時可形成漢文化的東亞文
化圈，但當漢族式微甚至為征服王朝所統治時，則漢文化的處境如何？還能
有「漢化」的力量或其他？這大約是學者們所關心的問題。對於歷史上北族
的漢化問題，相關論述頗多，這裏無法一一列舉，就整體的研究及論述來看，
都主張北族的朝代是不免漢化，甚至是種同化，有些學者以為漢化就是同化，
有些學者以為兩者有所區別，而且進一步認為漢化有深淺，有部份漢化，有
部份未曾漢化。在西方學者的眼光來看漢化問題則較為保留，他們幾乎都不
採取北族朝代被漢族或漢文化所同化的態度，在研究的結果雖然也認為北族
對於漢文化的採用，但不以為這就是漢化。〔註9〕近十餘年來又有為滿清的漢

〔註8〕見《禮記正義》（臺北市，東昇出版社影印十三經注疏本），卷12，頁26上～
　　　27上。
〔註9〕參見陶晉生，〈歷史上漢族與邊疆民族關係的幾種解釋〉，收入《邊疆史研究集
　　　——宋金時期》（臺北：台灣商務印書館，民國60年），頁16～23。陶先生舉
　　　出的西方學者研究有艾柏華（W. Eberhard）、維特福格爾（K. A. Wittfogel）、賴
　　　懋德（O. Lattimore）、邁可（F. Michael）、費正清（J. K. Fairbank）與賴世和（E.
　　　O. Reischauer）、瑪麗萊特（Mary C. Wright）、塞魯斯（H. Serruys）等人。陶先
　　　生指出宜注意最後的結果以及北族對漢文化的影響，漢化問題需要各別深入的
　　　研究作為基礎，否則任何概括的解釋都嫌不足。筆者頗贊同此種看法。

化問題引起相當多的爭論，雙方皆力舉證據，解讀闡釋其立場，但爭議仍無結果，其間還涉及人類學家所提出的族群性（ethnicity）問題等。〔註10〕

　　對於歷史上北族漢化問題，不止是歷史史事的研究，社會學、人類學、文學、哲學與思想、語言文字等都牽涉其中，也等於這些方面的理論及其實際都需要有各別的或全面的探討，始能有概括性的結果。至於「漢化」詞稱也需要有所界定，若「漢化」（Sinicization）是「中國化」則等同於「同化」（assimilation），「同化」是整體或部份放棄或喪失其原本文化特徵，而轉變成另一文化的現象，即進入文化主宰群體的社會中而採用其文化，本身則僅能保留一些浮淺的殘餘文化特質；也可以稱之為高度的融合。〔註11〕這裡就必須先研究出二種文化、社會的特徵或特質，再觀察其變遷，還有「認同」（identity）、「族群標誌」（ethnic markers）、「族群意識」（ethnic consciousness）等問題，因此將漢化視之為同化是相當艱鉅的工程。如將漢化作為採取漢文化的過程，則相當於「涵化」或「變容」（acculturation），這是指兩個社會接觸而造成的文化變遷，在文化影響中產生近似或接受其他文化的元素，以為適應，而其本身的價值觀可作用於排除或修改所接受文化中某些要素；至於涵化的結果為接受、適應、抗拒三種情況。〔註12〕類似同質化的意思，雖然

〔註10〕關於滿清的漢化問題，參見前註外，爭議的焦點及大體內容參見王成勉，〈沒有交集的對話——論近年學界對「滿族漢化」之爭議〉，收於《第一屆漢化、胡化、洋化國際學術研討會論文集》（嘉義：中正大學歷史系，民國92年）。汪榮祖，〈漢化爭議評論〉，收於《第二屆漢化、胡化、洋化國際學術研討會論文集》（嘉義：中正大學歷史系，民國99年）。黃培，〈談「漢化」的問題——兼論滿族的中國化〉，收於《勞貞一先生百歲冥誕紀念論文集》（臺北市簡牘學會、中華簡牘學會，民國95年）頁233～247。除早年對滿清漢化問題即發生爭議外，進十餘年來的爭議起於羅友枝（Evelyn S Rawski）與何炳棣二位教授的論爭。

〔註11〕參見王成勉前揭文，又本文所界定的「同化」，參酌陳國強（編）《文化人類學辭典》（臺北市，恩楷股份有限公司，2006年），頁135。書中又指出同化與涵化常交替使用，「同化往往是涵化的一個側面」，以及部份文化保留、部份喪失為半同化。另參見頁118「文化同化」條。又參見陶晉生《女真史論》（臺北市，食貨出版社，民國70年），引華來士（F. C. Athony Wallace）的定義。蕭啟慶，〈論元代蒙古人的漢化〉，收於氏著《蒙元史新研》（臺北市，允晨文化實業公司，民國83年），頁219～223所論。

〔註12〕參見 Thomas Barfield, "The Dictionary of Anthropology"（MA, Blackwell, 1997）p.151，另參酌基辛（R. Kessing）著，于嘉雲、張啟恭譯，《當代文化人類學》（臺北市，巨流圖書公司，民國69年）下冊，頁813。前揭《文化人類學辭典》頁125、126，「涵化」的觀念及「同化」的關係參見陶晉生，《女真史論》頁3、

涵化的結果可能會是同化，但卻不就等同於同化。筆者以為兩種或兩種以上的文化，在較長的時間接觸中通常會產生涵化的情形，這裡是選擇的問題，乃基於需要而生，是現實政治上的、經濟上的、或價值觀上的，甚至是欣賞的、好奇的心理，應該都會有文化的採借（culture adoption）發生。涵化實即是由此而產生的一種文化變遷，變遷的情形與過程有其階段性及其結果。將「漢化」視之為文化的「漢化」，以及「胡化」，應該都是「涵化」，而切確地說都是其中的現象，還包括了「互化」（transculturation），〔註13〕其結果需要賴研究的實際差異，或許是融合至於「同化」，還是另一種新文化的產生，甚至於始終是種「複合體制」型的文化變遷。〔註14〕

三、遼金元時期的北族漢學問題

漢學（Sinology）是籠統的詞稱，指謂華學、國學、中國學，凡屬中國的學術（包括思想與文化）都可稱之為漢學，比較上偏重於傳統而以漢族為中心的一切學術。通常以漢學相當於中國文化，但文化包容甚廣，漢學則限於學術層次，二者關聯緊密卻不等同；可以說學術是文化的高層次範圍內的展現。學術由知識積蘊而成，而語文為表述知識的主要工具，因此語文的學習是學術的初步基礎。論漢學則必先懂得漢語文，但本身的語文學習外，透過轉譯也能達成。

4。陶先生採華來士（F. C. Anthony Wallace）的同化定義，修改為「文化上主宰的群體」作為漢化的意義。對於金代的漢化問題，陶先生是傾向於他修改過的同化論，但也未忽略女真的統治對中國的影響。參看該書的結論部份。

〔註13〕「互化」指一個文化轉變為另一文化過程中的不同狀況，包括獲得另一文化（涵化），而且還包括原先文化的喪失（萎縮），另外還有創造新文化之意，但在人類學研究中，傾向於將文化互化當作文化涵化現象的一種。參見前揭《文化人類學辭典》，頁116、117。

〔註14〕「複合體制」是筆者於民國70年研究歷史上「胡漢」關係的概念，源於對征服王朝而提出的「複合皇朝」，並指出此種胡漢綜合體有其特點與條件，同時約略涉及漢化的問題及複合體制。參見拙作，《元代的士人與政治》（臺北市，臺灣學生書局，民國81年），〈緒論〉部份。至於遼、金二朝的複合體制，整體涉及的論述，專著部份可參見廖啟照，《征服或擴大——遼朝的政治結構與國家的形成》（臺中市，中興大學歷史系博士論文，民國97年），陳昭陽，《征服王朝下的士人——金代漢族士人的政治、社會、文化析論》（新竹市，清華大學歷史研究所博士論文，民國96年）。對征服王朝理論所涉甚廣，暫不討論，大略的情形參見宋德金，〈評征服王朝論〉，《社會科學戰線》，2010年第11期，頁1～7。

　　遼、金、元三朝為契丹、女真、蒙古三個北族所建立，他們在建朝立國之前皆無自己的文字，故而靠語言傳遞的知識不易明瞭，其他民族的記載資料極為零散而罕見，即如接觸較多、關係較密的漢族，對他們的記載也有侷限，其所知自然有限，而且頗多是後人所追記，同時還有「記載」本身的問題，這些都不無討論的空間。遼、金、元興起之前都有相當長的民族歷史，在未具備有相當的勢力或產生有影響作用之前，多未在意於記錄他們的狀況；一如史書上對於北族記載的傳統方式。因此北族早期的歷史，由於他們本身無文字得以記錄，唯依賴漢族所知而記載留存，其中只能偶爾看到他們的活動，較多或較完整的記載則要靠後人的追記得以形成。雖然透過零散資料的蒐集，包括金石、文物、考古等各種材料，對北族的歷史文化能有探討之地，但在無文字時代畢竟是有其侷限而有所缺憾。

　　每當北族勢力逐漸形成，或有影響作用時，漢族的記載始漸增多，這應是基於「功利性」的考量，不無「現實」之嫌；此外，似無其他原因。華夏漢族極早形成且作為傳統的夷夏觀，不至於會去欣賞或關心「蠻夷」之邦，也未曾對其歷史文化有何興趣。主流的看法是夷夏為兩個天下，處於不同的文化世界，非我族類不可與禮義之邦相侔，進而是要以華變夷，以期實現化成天下的理想；若夷狄能「入中國」則「中國之」。雖然族群的觀念或有鬆動的空間，但是要建立在中國文化的前題下，這顯然是種趨於同化型的漢化主張。〔註15〕在上文言及的文化涵化概念裏，日常生活的飲食器用等較易於出現，層面較為廣泛，也並非必要具備知識性的認知，像是習焉不察，用而不知的情形。往上一層到禮儀制度方面，其涵化的層次則較高，大多需要知識性的認知，始能知其取捨及功能。至於到學術思想方面，其涵化的層次最高，幾乎如傾向於同化一般。這三個層次雖然都有「價值」的意義，但同樣有具認知的強弱度，而往往層次高者其所認知的「價值」已可涵蓋其他較低者，如達到接受學術思想的層次已近於同化，則其他層次都應該已收攝在這個「價值」之中。這些都是就文化的認同而言，並不包括族群的認同與同化。

〔註15〕關於所論中國傳統夷夏觀的形成，以及早期夷夏觀與政策，參見拙作，《中國民族與北疆史論——漢晉篇》（臺北市，丹青圖書有限公司，民國76年）。本書再版改名《漢晉之北族與邊疆史論》，收於《古代歷史文化研究輯刊》，第四編（臺北市，花木蘭文化出版社，2010年）。

　　文字在語言的基礎上產生，是記錄語言的符號體系，包括情感、思想的表達。未有文字的民族仍然可靠口語表達其情感、思想等，亦不妨礙其知識、技藝的傳授，及一般生活上的需要，但長期下來對於文化的發展與文明的提升，則遠不如文字所具有的功能。透過語文的習讀而能加以運用，可說明對文化的涵養程度，在文化涵養中也可以說明涵化的程度。因此，文字成為文化的載體，能讀懂不同文化的文字，即開始產生對文化的涵化程度，能進一步加以運用，則涵化的程度也進一步加強。以學術而言，直接的學習必定要懂語文，循此漸能加廣、加深，達到不同的境地造詣。若經過轉譯學習不同的文化，仍能達到不同的涵化程度，其文化的內容若為學術、思想性，則涵化的學術也不難具有其基礎，甚至具有一定的水準。筆者對於漢學的界定有廣、狹二義，廣義地說是凡經過自學或轉譯以及受漢文化的教育、倡行漢文化者皆屬於漢學的範圍，狹義的說是能運用漢語文為工具以表達漢文化的知識、學術與思想者。依此可以展開對遼、金、元三代在文化涵化中對於漢學部分的討論。

　　以契丹族建立的遼朝來看，其民族早期的生聚之地約在遼西及內蒙東部一帶，較明確的活動時間及範圍約在北魏時期，所謂的「松漠之間」，當地也是潢河（西喇木倫河）、土河（老哈河）的兩河流域之地，以地理及其時的歷史環境而言，契丹為部族遊牧生活，處於南方中原朝廷（北朝）、北族（柔然、突厥）、東方高句驪等勢力的交互作用之中，難以見到與這些勢力的文化關係。大體上，契丹族居於北亞或北族文化圈，以遊牧兼漁獵為代表的文化，而與東方、南方的接觸，除征戰之外，即如朝貢、互市的情形，似乎並未帶來多大文化上的影響；但也算是與農業文化有些接觸。

　　契丹族接觸漢文化隨著歷史的發展而漸增，唐朝以所附契丹部族聯盟為松漠督府、置州縣遂展開雙方更進一步的關係。前此，雖已於北齊時有「分置諸州」，以安置所虜生口，〔註16〕但其情形不詳。唐朝的置府、州，尚有與契丹關係緊密的奚（庫莫奚）族，同時地望相近；對於二族置府、州的羈縻政策與漢文化的接觸、涵化等有極重要的關係。例如經常性的遣使朝貢、君長的入朝、和親、質子、宿衛等都是在這種政策之下進行，此政策不惟對於契丹族，對於其他北族或外國也都等同；這些情形當是最好的文化接觸。如《新唐書》載契丹：「（孫）萬榮本以侍子入朝，知中國險易」，指契丹於武則

〔註16〕參見《北齊書》，卷4，〈文宣紀〉，頁57。

天時叛唐，前此酋帥孫曹敖之孫萬榮曾入侍於唐朝，在其後於玄宗時又有松漠督府李吐于，因與聯盟部內權臣可突于不協而奔唐，唐朝封之為遼陽郡王，「留宿衛」。而後都督李邵固也「以子入侍」。〔註 17〕孫萬榮的質子入侍並非單獨的例子，其他各族也有質子入侍的普遍情形，「時四夷質子多在京師，如論欽陵、阿史德元珍、孫萬榮，皆因入侍見中國法度。及還，並為邊害」，〔註 18〕足見突厥、吐蕃、契丹等族的入侍，是得以習學到一些「漢學」的內容，又可「知中國險易」，設若與唐朝敵對，自有不利之處。武則天時，左補闕薛登，即因之而進諫提出「拒邊長而質子短」之說：

> 伏見突厥、吐蕃、契丹往因入侍，並被獎遇，官戎秩，布黌門，服改氈裘，語習楚夏，窺圖史成敗，熟山川險易。國家雖有冠帶之名，而狼子孤恩，患必在後。……（劉）元海五部散亡之餘而能自振者，少居內地，明習漢法，鄙單于之陋，竊帝王之稱。〔註 19〕

以西晉劉淵學經史於上黨崔游，又曾入侍於洛陽，〔註 20〕自是「明習漢法」，包括典章制度與學術思想。薛登所言，將孫萬榮等的入侍比之於劉淵，足見他的焦慮所在。當時武則天未納其諫議，而後，孫萬榮併松漠都督李盡忠舉兵，造成契丹族極大規模的反唐戰爭。突厥的阿史德元珍，其後為突厥第二汗國骨咄祿建國的主要謀臣。〔註 21〕

契丹族早期與漢文化的接觸，如孫萬榮入侍習得漢學之外，其他例子並不能清楚，推測應有類似的情形。又如朝貢關係，在唐朝之前，北朝時契丹即與南方中原朝廷有間續的進行，唐朝時「契丹在開元、天寶間，使朝獻者無慮二十」，而後在肅宗時再朝，代宗大曆時有十三次，德宗貞元時有三次，憲宗元和時七次，文宗時四次，此後則斷續不常。〔註 22〕入朝的

〔註 17〕見《新唐書》，卷 219，〈北狄·契丹傳〉，頁 6168。其他李吐于、李邵固事，見頁 6170、6171。

〔註 18〕見《新唐書》，卷 112，〈薛登傳〉，頁 4170。

〔註 19〕參見同前註，頁 4170、4171。

〔註 20〕參見《晉書》，卷 101，〈載記·劉元海〉，頁 2645、2646。

〔註 21〕參見《新唐書》，卷 215 上〈突厥傳上〉，頁 6044。突厥第二汗國建國與阿史德元珍之關係，參見朱振宏，〈突厥第二汗國建國考〉，收於前揭《第二屆漢化、胡化、洋化國際學術研討會論文集》，頁 159～203。

〔註 22〕參見《新唐書》，〈契丹傳〉，頁 6172。契丹建國前與中原朝廷的朝貢關係，參見廖啟照，《契丹建國前之社會結構》（台中市：中興大學歷史系碩士論文，民國 84 年），頁 29～36，所作〈表二〉，共計九十六條（次）。

貴族、族長也不在少數，大約在和平時期，唐朝是「歲選酋家數十入長安朝會」，此外，隨從人員「率數百，皆節駐幽州」，〔註23〕在京師長安的酋豪，在幽州的大量人員，都不免要與漢文化接觸。若長期關係如此，對於此後遼朝建國及其後與漢文化的涵化（漢化）應當是種潛在的因素，至少不致全然陌生，也不至於對漢文化這種異質文化全然拒絕或排斥，甚至尚可成為涵化的助力。

關於通婚方面應當有文化涵化的作用，與漢族通婚的民間社會，並無具體的資料可見其「漢學」的文化作用。貴族階層的和親，如唐代松漠都督往往與唐朝公主聯姻，但僅限於特定對象的極少數人，也未見具體資料能看到如文成公主與吐蕃和親所產生的影響。正因為讀史者皆知的文成公主之例，說明擁有政治最高權力者，如認同異文化的價值，是較易於文化採借的進行。就這方面而言，在遼、金、元三朝的帝王身上似乎看不到這種和親而「漢化」的情形，他們的「漢化」是另外的情形。在官僚及士人階層，異族通婚率多與其家世、身份相近，「胡漢」聯姻頗有所見，文化涵化也自然產生，但與「漢學」直接相關者仍有侷限；此尚待進一步的研究。

契丹自建國後，整個遼代二百餘年，與漢文化的涵化加劇增廣，在漢學方面具體的表現也略有可觀。在地理上疆域涵蓋燕雲之地及渤海國，皆為農業文明與漢文化所在之地，漢文化的浸潤自不待言。由於統治的需要，行政公事、生產賦役、全國武力等皆需仰賴漢人的參與，漢人因之大量進入統治階層，不但擴大了政權基礎，同時也改變其政治結構。〔註24〕漢制新法與契丹的國制舊法融合為複合體制，「行國」與「城國」並行。〔註25〕在這些措施實行中所表現出來的漢制及其背後的文化，恐怕不是契丹政權所能輕忽的，進而對於「漢學」內容的興趣與需要也應運而生。下面各舉一個遼、金、元的例子來供參考：

其一、是遼太祖耶律阿保機，他懂得漢語之外，又以「受命之君，當事天敬神」，欲先祀奉有大功德者，群臣「皆以佛對」，太祖以為「佛非中國教」，顯示出他對中國文化有所興趣，後以皇子耶律倍所說，建孔子廟，又命耶律

〔註23〕參見前註，〈契丹傳〉。
〔註24〕參見拙作，〈略論遼代的漢人集團〉，收於《遼金元史論文稿》（臺北縣，槐下書肆/花木蘭文化工作坊，2005 年），頁 35～91。
〔註25〕參見拙作，〈論遼代五京之性質〉，載於《史學彙刊》第 23 期（臺北市，中國文化大學史學研究所暨史學系，民國 98 年），頁 143～191。

倍行春秋釋奠之禮。〔註 26〕雖然太祖於神冊二年（918）詔建孔子廟、佛寺、道觀，〔註 27〕或許表示三教並立的政策，但以祀奉孔子為先，不能不說他對漢文化主流的儒家尊重的態度；而且要注意到他何以能有這樣的認知？莫非是他有「漢學」的基本教養。其二、是金太祖完顏阿骨打，他在天輔二年（1118）詔令「訪求博學雄才之士」赴上京。三年後，又要求攻克遼中京後，將「禮樂、儀仗、圖書、文籍」解赴上京，這些都是漢文化、漢學的人才及典章文物，也造成上京成為金初的文化中心，影響金初的皇室、貴族們。〔註 28〕其三、是蒙元初太祖與長春真人邱處機的見面談論，以及耶律楚材的隨侍講論，前者為漢地宗教領袖，後者為漢地的博學士族，都代表漢文化的知識份子，雖然太祖未必通漢語文，或視二人類似漢地重要的「薩滿」，但都表現出重視漢文化精英的心態。〔註 29〕上舉的三例，雖然未必直接與「漢學」有關係，但其背後都有著「漢學」的內涵，未便說全然無關。

　　上述對契丹族與漢文化的接觸、涵化、及其各種途徑作簡略地說明，稍詳於契丹，而女真、蒙古與漢文化的關係其途徑也大體相似。在征戰、互市、族群遷移、人民流徙等都能帶來文化接觸，因之產生的涵化需要各別具體的研究，而往往因資料的侷限，多成為推測或想當然耳的結果；對於涵化中的漢學問題則更不易有具體的成果。女真族的生聚之地不同於契丹、蒙古，他們活動於「白山黑水」之域，屬於漁獵農耕的生產方式，對於農業文明並不陌生，似乎較易於接受農業的漢文化。在地理及政治上，早期役屬於高麗、渤海國，此二國皆為農業文明，且深受唐文化的影響，屬於東亞漢文化圈，受北亞遊牧文化影響甚少。女真族與契丹、蒙古一樣，早期無文字，都是在建國之後始創制其文字，此前皆是靠口語、符契來傳遞、溝通訊息的文化。以漁獵、畜牧、農耕的生產方式，定居且聚落式的城（村）寨，〔註 30〕畜牧

〔註 26〕參見《遼史》，卷 72，〈宗室傳〉，頁 1209。

〔註 27〕參見《遼史》，卷 1，〈太祖紀〉上，頁 13。

〔註 28〕參見《金史》，卷 2，〈太祖紀〉，頁 32、36。另參見陶晉生《女真史論》，頁 30～34。

〔註 29〕參見拙作，〈十三世紀之蒙元帝國與漢文化〉，收於前揭《遼金元史論文稿》，頁 341～362。其他關於邱處機及耶律楚材與蒙元的接觸、文化關係等論述頗多，茲不贅述。

〔註 30〕女真族的村寨及其生活習俗較早的研究參見林瑞翰，〈女真初起時期之寨居生活〉，收於《宋遼金元研究論集》（臺北市，大陸雜誌，史學叢書第一輯第五冊），頁 132～137。

以家畜形式而非廣闊的牧場,這些與華北地區的農村生活幾乎相同。〔註31〕女真族對漢地農村社會應無適應的問題,相近的農村社會背景,因之產生的農業文明或其文化,接受度亦應增高。

　　女真先世常在靺鞨的名義下被紀錄些許活動,不外乎與相鄰各勢力的朝貢、互市等,如高麗、渤海國。到十世紀初關於女真的記載開始增多,其時正為契丹興起之時,此後役屬於契丹,接觸遊牧文化也是自然之勢。如其後帝王遊獵與「捺缽」,是明顯的例子,〔註32〕但畢竟女真族是農業社會,長期與高麗、渤海的漢文化接觸,契丹攻滅渤海、臣服高麗,並未改變二者的社會文化,女真仍在東北的城郭之治中生活於農村社會,氏(部)族的村寨形式直到女真於十二世紀初興起時仍然如此,甚至於女真建立金朝的整個百餘年間,以「猛安」、「謀克」形式的組織存在,仍是族人村寨聚居深化、強化後的制度,成為生產、行政、軍事結合的新型態。〔註33〕讀史者皆知,金太祖完顏阿骨打重要的謀臣楊樸,他是渤海的進士,最能代表漢文化在女真初建政權的作用,上文曾提到金太祖的訪求博學雄才之士,及搬遷遼中京的典章文物至其都城上京之事,說明他對漢文化的濃厚興趣。到阿骨打之弟吳乞買繼立為太宗,這種對漢文化的興趣仍未稍減抑且加增,隨著遼、北宋的征服同時,大量的遼、宋漢人與典章文物都納入女真的政治體系之中。燕雲地區尤其是燕京本為華北長期的文化重心,遼朝二百餘年漢文化的核心地區,當地的漢人對金初文化的涵化起極大的作用。又金太宗居於淶流河的御寨時,「左右供奉半皆南人」,〔註34〕這些南人大約指北宋系的漢人,說明其時對漢人的「接納」。金初與漢文化的涵化頗為快速,偏遠的上京地區儼然成為金朝

〔註31〕參見陶晉生,《女真史論》,頁12～17。

〔註32〕參見勞延煊,〈金朝帝王季節性的遊獵生活〉(上)、(下),收於《遼金元史研究論集》(臺北市,大陸雜誌,史學叢書第三輯,第三冊),頁13～22,較近對金代的捺缽探討,參見劉浦江,〈金代捺缽研究〉上、下,載於《文史》第49輯(1999年),第50輯(2000年)。勞延煊早年對金、元二代的遊獵行帳及捺缽有所討論,參見其〈金元諸帝遊獵生活的行帳〉,收於前述《遼金元史研究論集》第三輯,第三冊,頁204～208。

〔註33〕關於金代猛安、謀克制度的研究,參見三上次郎,《金代女真社會の研究》(東京都,中央公論美術出版,昭和四十七年),第二篇,〈猛安謀克制度の研究〉頁109～417。張博泉,《金史論稿》(長春市:吉林文史出版社,1986年),第三編〈金代猛安謀克制度研究〉,頁219～404。

〔註34〕參見李心傳,《建炎以來繫年要錄》(北京市:中華書局,1988年),卷12,頁280。

漢文化的中心，遼、宋漢人提供的漢文化，除去在典章制度上有明顯的採借外，也同時進行著漢學的傳佈。〔註35〕

金代女真族與漢文化的涵化，進行相當快速，而且較傾向於「漢化」，其所採借漢法的制度形成的複合性較為融合，不似遼、元二代所謂兩元、雙重體制的強度，因此，在漢學上金代北族似應有較為突出的表現。

元代蒙古族早期與漢文化關係不甚清楚，與契丹族早期遊牧社會與文化相近，生聚於北方朔漠之地，如史書所載匈奴的情形類似。蒙古族如同其他北族一樣，往往通過戰爭、貿易、朝貢等手段取得物資，長期生活於封閉的亞洲內陸，不易發生社會與文化的變遷，社會結構與組織、制度是氏（部）族的遊牧社會，文化屬北亞遊牧文化圈，而稍後有由西域（廣義）傳入的各種文化，及漢地的漢文化。〔註36〕這些都僅止於文化接觸，如上文曾言及的邱處機、耶律楚材，代表漢文化與蒙古大汗及朝廷的接觸。

蒙古族與其他北族有同樣的地理關係，除去與南方漢族及其文化接觸外，往往多與西域文明有較多的接觸，而在中西交通史上，西域與中原早有長期的交往關係，已勿須贅言。同樣地，北亞草原朔漠與西域的交往亦長期未斷，不過因史料多缺及文獻罕載之故，如今透過考古發掘，遠自匈奴以來，北族與西域文明的交流所在多有，唯對於社會、文化的變遷並不明確，似乎變遷甚微而未產生多少涵化的現象；這些仍待進一步的探討。

十二世紀晚期蒙古族興起及擴張，以武力征服逐漸完成其族群的統合。往後發展為歐亞的大帝國，它是由各分封的汗國及在中國建立的元朝所共同組成，其間的複雜性可想而知，民族與文化的接觸也應相當複雜。在中國的元朝廷還是帝國大可汗的所在之地，其政治結構是北亞民族聯盟以控制政權，

〔註35〕參見陶晉生，〈金代初期女真的漢化〉，《文史哲學報》，第17期（臺北市，台灣大學文學院，民國57年），頁31～68。

〔註36〕蒙古族早期的社會資料極為少見，約十二世紀晚期始有些許資料，這些少有的漢文資料外，就要以蒙古人口語所傳、後人追記的《蒙古祕史》為重要的依據，但《祕史》蒙古原文本已佚，所見為漢字寫、譯刊本，但仍是研究早期蒙古族歷史、文化與社會的重要文獻，其詳參見札奇斯欽，《蒙古祕史新譯並註釋》（臺北市，聯經出版事業公司，民國68年），卷首姚從吾〈漫談元朝祕史〉（代序），札奇斯欽，〈自序〉。其他漢文史書及波斯文史書都有些許早期蒙古歷史、文化的資料，此處暫略。關於蒙古族早期社會參見拙作，《早期蒙古遊牧社會的結構——成吉思可汗前後時期的蒙古》（書寫完成於民國64年，初版於民國65年，再版於2007年。臺北市，花木蘭文化出版社，《古代歷史文化研究輯刊》，第二編，2009年）

而由皇室與貴族形成閥閱政治的型態。漢人（廣義）在統治階層中佔有一半略多的比率。〔註37〕這些漢人幾乎全是漢文化的代表，雖然愈往上層漢人所佔的比率愈少，但在整個元朝的官僚體系中，他們遍布於中、下階層，在社會的廣度與深度方面仍如往昔，為漢人及漢文化所「把持」。北亞民族作為元代政權的掌控者，蒙古文化挾現實政治勢力的主導權進入漢人朝野世界，也產生文化的涵化，尤其是生活文化方面頗能浸染而變「漢風」。蒙古文字的創制如同遼、金皆在建國之際，語文的「國語」、族群的「國人」、舊法的「國制」等，都與統治者的強勢主導及主權掌握攸關，於其時的漢語文、漢人、漢制形成的複合體制中特別有顯著的地位。

元代漢人社會受蒙古及西域文化的影響所在不少，但多在於生活文化層面。除去塞外留滯於草原的漢人之外，在漢人的社會中似元初四朝時並燕雲以漸華北地區，即遼、金域內的漢人，較多於受蒙古文化的影響。通婚有涵化作用，但具體的文化變遷似乎影響不大，蒙古語文僅限於實用性的溝通及官府行政的需要，又與任官出職有著作用。〔註38〕語文學習可以繼之往學術思想的文化層次，對文化涵化有較深高的發展，但元代蒙古語文的學習主要在行政的實用上，產生的文化涵化較淺，要以語文學習載負的內容而定文化的深淺，同樣地，轉譯亦是工具，仍需視其內容而定其性質及程度。在蒙元受漢文化的影響這方面，背景上是因政府的需要而倡導，以及蒙漢人口雜居所致，所呈現的漢文化影響可見的有漢式姓名字號的採用，禮俗的變化，漢學的研習。然則對漢文化涵化的作用中也有些不利的因素及侷限，諸如雙方文化差距過大、帝國性質的牽制、征服狀態的侷限、西域文化的競爭。〔註39〕

元代疆域廣大、民族複雜，在統一的中國而言，遠較遼、金二代來的博雅，漢文化的涵蓋面也較廣闊。元代的北族以蒙古、色目二大族群為代表，在蒙元時期他們與漢文化高層次的漢學關係已為前輩學者所注重，通觀專題的

〔註37〕元代的政治結構，參見拙作，《元代的士人與政治》（臺北市，學生書局，民國81年）頁92～113。

〔註38〕元代漢人與北族通婚，參見洪金富，〈元代漢人與非漢人通婚問題初探〉，（一）（二），載於《食貨月刊》後刊，第六卷，12期，頁1～19，民66年3月，第7卷，1、2期合刊，頁1～61。民國66年4月。元代蒙古文化的影響，參見李治安，〈元代漢人受蒙古文化影響考述〉，載於《歷史研究》2009年第一期，頁24～50。

〔註39〕參見蕭啟慶，〈論元代蒙古人之漢化〉，收於前揭《蒙元史新研》，頁218～263。

論述如陳垣之於西域人、蕭啟慶之於蒙古人。〔註40〕二位先生分別對元代北族二大族群的漢學作詳密的討論，用力勤深，不但是蒙元史基礎研究的重要部份，而且在社會文化史、學術史上具有卓越的貢獻。由於蒙元的統一中國，關於北族的資料較多，難免有所遺而未論及，筆者對此已進行補作續論，又對於原屬北族的契丹、女真、党項等族，在蒙元時期的漢學情形也已著手論述之。這些都是步趨前賢而欲窺全貌的作法，其成果即在本書中的研究與討論。

四、結　語

　　異民族間的接觸帶來文化的涵化，雙方接觸愈多，則關係加密，文化的變遷易於發生，但社會變遷未必與之同步。個人以為探討社會、文化的變遷，較易於掌握歷史的發展，也不至於僅限於朝廷政治的有限觀點。

　　中國歷史及其發展往昔多偏重於以漢族為重心，華夏漢族早自先秦已形成或被塑造成以中原為核心的龐大族群。漢族傳述其歷史有意無意之間自然會以「我群」為重心，其他族群視之為「異類」，常見的「非我族類，其心必異」，是長遠存在於漢族的觀念中。這種「我群」與「他群」的族群關係，既有血緣族屬的差異，更是文化間的差異，而文化的差異（包括社會、生產、制度、思想、價值等）應是最主要的關鍵，夷夏、胡漢之別良有以也；而彼此間的關係是可以透過許多角度來作觀察。在朝代的建立上，就有所謂「征服王朝」的問題，是值得重視及探討的課題。即北方少數民族所建立的朝代，它們佔領中國本土的部份或全部而統治著漢族。這時期的民族關係在開始初期時，就不止於中原漢族朝代與北方民族間的關係，反而是帶有北族殖民的色彩；經過涵化以後的情形，須再加研究。

　　傳統的觀念是夷、夏兩個天下，文化上也是兩個世界，若能招撫四夷，並不阻止其進入華夏而天下一家，反之，若夷狄入中國則中國之，只要行中國的華夏文化，也就視之為中國。在理想或想像中是民族融合（和）與文化同（漢）化，這種想法雖非完全一廂情願，在歷史中還不乏許多例證，但未融合及未同化的情形也所在多有，因此，處理這樣的情境就不宜作簡略的概括，而需要許多細部的研究。

〔註40〕參見陳垣，〈元西域人華化考〉，收於其《元史研究》（臺北市，九思出版社，民國66年），頁1～135。該文全面檢視元代西域人的漢化情形，但絕大部分皆論述其漢學。蕭啟慶，〈元代蒙古人的漢學〉，收於其《蒙元史新研》（臺北市，允晨文化實業有限公司，民國83年），頁97～216。

　　異民族間的接觸自然產生異文化的接觸，文化的接觸又能產生涵化現象，涵化的過程而發生文化、社會的變遷，其結果可能是同化，可能未同化，而發生出新文化，或文化重組（Culture reformulation）。受到肯定或批評的同化論，就在於「同化」一詞的界定，而往往在中國歷史上所謂的同化實即等於漢化，借用人類學的觀點來看，「同化」涉及「族群意識」與「認同」問題，以民族學來看，是民族高度的融合或統合，以文化學來看，是文化特質與特徵在社會上趨於一致。這些都是筆者以為在細部的研究做出之前，不宜即採取「同化」的詞稱，而應視「漢化」或「胡化」為涵化的意涵，即將之置入社會文化的變遷之中。何況文化的接觸，或有摩擦、衝突、或有吸收、採借，情況不一而定，也有其階段性與結果的分別考量。筆者又以為在中國（中華）文化具有無比的張力之下而促成同化論者，歷史研究者往往被期望於此種涵化的結果，因此促使研究者專於尋找材料證據，來斷成符合這種期望以消除其焦慮，而此種期望又或許是符合一己的文化心理，也或許是來自於國族、文化、國家三位一體的期望。

　　在文化涵化的高層次是學術、思想的變遷，即本文所論的漢學。它與生活文化、典章制度可以相關而不必然相關，較能明確的表現出人的文化態度，也較能清楚的看出其文化傾向及文化認同。漢學有「濡化」（enculturation）的作用，即文化薰陶，它是文化變遷中可具體觀察的重要部份，對北族漢化問題的討論有相當的助益。以本文而言，若能將遼、金、元三代北族的漢學作全面的探討，集結多數的個人而匯聚成量，大體可以觀察其漢學的方向及品質，再由其中相關的討論，應該能對這三代文化涵化的漢化部份有其參考的意義。

　　遼、金、元三代北族的漢學，過去多在討論漢化問題或文化關係中論及，且多為例舉式的泛論，它有啟發及概念式瞭解的貢獻。在論述文學範圍內或歷史人物時，較出現對個別漢學的具體論述，但所論仍然有限，不暇及眾多；這或與題旨論意有關。專題立旨為北族漢學著意的，上述陳、蕭二先生已有成果，筆者也為稿數篇續補及新作，期望對近古時期遼、金、元三代北族的漢學有全面的瞭解。

第二篇　論遼代帝后之漢學

一、前　言

　　契丹族於十世紀初建立遼朝（以契丹與遼概括合稱），由耶律阿保機建國至天祚帝之亡國，歷歷經二百餘年，其領地「東至於海，西至金山，暨於流沙，北至臚朐河，南至白溝，幅員萬里」，〔註1〕囊括今東北全境而抵韃靼、日本海，西面抵阿爾泰山漠北之地，北面實不止全於克魯倫河〈臚朐河〉，應更北至於貝加爾湖之南，南面則擁有燕雲十六州之地，與宋朝以白溝河為界。廣闊之幅員中，有多民族生聚其地，即契丹建國時及其以前，活動於此幅員中各民族皆在統治之下，形成多元民族國家，相應而有多元文化之性質。

　　以文化之大體系而言，除契丹及其他北方民族之文化外，則以渤海與燕雲地區之漢文化共同構成遼代之文化總體；故兩大文化系間之關係，遂為遼史研究之重要課題。關於此課題以文化為慨括之探討甚多，此不贅言。文化中論具體之學術、思想方面者則較少，筆者以為係相關之史料甚少為主要原因。至於契丹人對漢文化之態度及其反應，在漢學方面多為相關之論述，亦即在文化相關之大課題中有所論述，而較少具體詳述。本文所謂漢學，係以漢文化中學術性之儒學為主而及於文藝方面，又以漢語文、漢文化之工具表達者。至於宗教、科技方面，除有明確資料可供探討外，仍以不討論為原則，一因所涉複雜且廣，不易確論是否為漢學，二以本文主旨仍在於漢文化學術層面主流之儒學及藝文。

〔註1〕見《遼史》（北京市，中華書局，1983年），卷37，〈地理志一〉，頁438。

本文欲論契丹人之漢學中屬於最高統治者之漢學，即觀察遼代歷朝帝王對漢學之態度為主，旁及於其后妃們；至於耶律大石所建之西遼，則從略不論。漢學之態度則表現於行政之措施、漢學之研習與成果等。帝王為國家之最高統治者。決策軍國大政，其個人對文化之態度自影響及文化之政策。就漢文化而言，帝王本身之喜好即有倡導與否之可能，若有所喜好，則其本身亦有具體研習之興趣，雖其研習之程度深淺不一，或所習泛泛，或有所成就。帝王自身之研習與倡導應能影響其時之風氣，所謂上之所好，下有所從，如風吹草偃之效。至於契丹本土文化傾向較濃者，或以保守之態度反應其文化傾向，亦值得加以觀察。后妃們對於漢文化態度與漢學之研習與否，其影響雖不及於帝王，但既為「母儀天下」之身分，其觀瞻動靜多少有其影響，程度之深淺則需有所探討。又帝王對漢學若無所研習或倡導，大體可知其對漢文化之態度，對於漢文化於各朝之浮沈升降，應有可供參考之處。

二、研習與倡導

遼代帝王沾染漢習與接觸漢文化為勢所難免，其喜惡與程度深淺亦有所不同。帝國建立前之部族聯盟時代，契丹民族之發展歷程頗為久遠，就隋唐以後即達三百餘年，漢文化因隋唐之勢力應已為部族聯盟首長如松漠都督所接觸，然其時皆未必能接觸到所謂漢學。概括而言之，漢學仍以太祖耶律阿保機建立遼朝開始。今列述遼代各朝帝后對漢學之研習與倡導情形如下：

（一）太　祖

太祖建國之初即已引用漢人為冶，如康默記、韓延徽、韓知古等人，〔註2〕推測太祖接觸漢文化，康、韓等人應有相當作用。其次，太祖俘獲漢人，又與漢人聚居「漢城」關係密切，〔註3〕由其中接觸之漢文化亦應相當廣泛，得知些許相關漢學不無可能，如「既盡得燕中人士，教之文法，由是漸盛。」〔註4〕在漢學方面尚無資料可證太祖之研習情形，僅知對漢文化約有一般之了解，如其能言漢語，史載其與後唐使臣姚坤之對詁，「阿保機善漢語，謂（姚）

〔註2〕參見《遼史》，卷74，三人之傳記，頁I231～I233。
〔註3〕關於太祖結合漢人與漢城之情形，參見姚從吾，〈說阿保機時代之漢城〉，《東北史論叢》上冊，（臺北市，正中書局，民國48年），頁193～216。
〔註4〕見《舊五代史》（北京市，中華書局，1976年），卷137，〈外國列傳第一〉，頁1828。

坤曰：吾解漢語，……。」〔註5〕又於神冊二年（918年），建孔子廟及佛寺、道觀。〔註6〕此事之緣起係出於太祖長子耶律倍，史載：

> 時太祖問侍臣曰：受命之君，當事天敬神。有大功德者，朕
> 欲祀之，何先？皆以佛對。太祖曰：佛非中國教。倍曰：孔子大
> 聖，萬世所尊，宜先。太祖大悅，即建孔子廟，詔皇太子春秋釋
> 奠。〔註7〕

契丹族奉佛當早於太祖時，北方草原松漠地區，佛教流佈甚早，柔然、突厥、回鶻皆有佛教之崇奉，契丹族生聚於此環境中，接觸佛教而崇奉信仰，應屬自然之事，〔註8〕太祖身旁應為貴族臣僚之統治階層，多數應奉佛教，故「皆以佛對」，然太祖知佛為外傳入而非中國之教，似已知儒教之代表中國，故皇子耶律倍以尊孔為先，太祖乃「大悅」。又於詔建孔廟之次年，親謁之，而「命皇后、皇太子分謁寺觀」〔註9〕，其間所重，甚為明顯，崇儒尊孔為其文化態度，當不為過。

太祖阿保機所知之漢學即如上述，進一步之內容則缺具體之資料。其淳欽皇后述律平，家世出於回鶻，應知漢文化，然其漢學之情形未見記載，史載其曾觀太宗耶律德光及人皇王耶律倍之書法，然未言明為契丹書法抑或漢文書法？〔註10〕

（二）太宗耶律德光

史料中未見其研習漢學之記載，雖然史載其自製文題於弘福寺壁，以追感其父〈太祖〉、母（應天后）、兄（人皇王）「讀者悲之」，〔註11〕但未能確定是否為漢文？推測應為漢文字。

〔註5〕見前註。頁 1831。關於遼太祖與姚坤對話之記載，除《舊五代史》外，另見於《冊府元龜》、《五代史記》、《資治通鑑》、《文獻通考》，其間之異同與對話內容之分析，參見姚從吾，〈阿保機與後唐使臣姚坤會見談話集錄〉，《東北史論叢》上冊，頁 217～239。
〔註6〕參見《遼史》，卷1，〈太祖紀上〉，頁13。
〔註7〕見《遼史》，卷72，〈宗室傳〉，頁1209。
〔註8〕參見拙作，〈略論遼代之崇佛與藏經〉，《佛光人文社會學刊》，第五期（宜蘭縣，佛光人文社會學院，2004年），頁3～17。
〔註9〕參見《遼史》，卷2，〈太祖紀下〉，頁15。
〔註10〕太祖淳欽皇后，見《遼史》，卷72，〈后妃傳〉，頁 1199、1200。皇后觀書法事，見卷3，〈太宗紀上〉，頁31。
〔註11〕參見前註〈太宗紀上〉，頁37。

（三）世宗耶律阮

阮為太祖長子耶律倍之子，出身於相當漢化之家庭，應習染漢文化。《通鑒》載：

> 契丹主慕中華風俗，多用（後）晉臣，而荒於酒色，輕慢諸酋長，由是國人不附，諸部數叛，興兵誅討，故數年之間，不暇南寇。
> 〔註12〕

以文化立場而言，世宗之慕中華風俗，除其家世外，曾參與太宗之南進中原，更見識後晉之典章文物，漢文化之宏偉盛美，故其為帝王，自「多用晉臣」，相形之下，又自覺契丹本族文化寒陋，不免「輕慢諸酋長」矣！然其具體倡導漢學之情形則未能詳之。

（四）穆宗耶律璟

璟為太宗長子，《遼史‧穆宗紀》中記其事甚多狩獵、遊宴、飲酒之類，至於通宵達旦乃寐，或日中方起，因言其好睡而稱之為「睡王」。〔註13〕漢人李瀚仕職於遼朝，為勤政殿學士，致書予任職於後周朝之兄李濤，其言穆宗：「契丹主童騃，專事宴遊，無遠志，非前人之比」，〔註14〕可見對穆宗之看法，似乎此類帝王不應對漢文化有何興趣，但穆宗卻下詔以朝會依其父太宗故事用漢禮，〔註15〕可見太宗所定朝會禮為漢禮，而穆宗沿用之並未排除。

（五）景宗耶律賢

賢為世宗次子，其研習漢學情形不詳。史載其親筆作書予北漢劉繼元，〔註16〕知其當能漢文。又以游獵之故，漢臣郭襲上諫書，以唐高祖好獵，穆宗「逞無厭之欲，不恤國事」等進勸，景宗因閱覽而稱善，可見其能知漢文及典故。〔註17〕與倡導漢學有關者為貢舉之施行，初於太宗會同年間曾有漢人室昉登

〔註12〕見《資治通鑑》（臺北市，世界書局，民國63年），卷287，〈後漢紀二〉，頁9367。葉隆禮，《契丹國志》（臺北市，廣文書局，民國57年），卷4，〈世宗紀〉，亦有同樣之記載，當本之於《通鑒》，見頁38、39。

〔註13〕參見《宋會要輯稿》（北京市，中華書局，1987年），第八冊，〈蕃夷一〉，頁7673上。另見前註《契丹國志》，頁44。

〔註14〕見《通鑒》，卷290，〈後周紀一〉，頁9479。

〔註15〕參見《遼史》，卷6，〈穆宗紀上〉，頁69，詔書言「朝會依嗣聖皇帝故事」，嗣聖皇帝即太宗受群臣所上之尊號，見卷3，〈太宗紀上〉，頁28。

〔註16〕參見《遼史》，卷72，〈宗室‧喜隱傳〉，頁1214。

〔註17〕參見《遼史》，卷79，〈郭襲傳〉，頁1274。

進士第，〔註18〕但其實應尚未形成科舉制度，故往後未見其制度化之貢舉，應是權宜之需，以考試來用人。至於景宗時，於保寧八年（976年），下詔「南京復禮部貢院」，〔註19〕是知於漢地南京有科舉不時施行，此亦有助於漢學之倡導，然其對象侷限於漢地漢人。景宗皇后睿智（承天皇后），「明達治道，聞善必從」，〔註20〕其漢學研習雖未見載記，但有勸誡其子（聖宗）之書，〔註21〕知有漢文學之研習。

（六）聖宗耶律隆緒

隆緒為遼史上之名君，亦為漢化較深之帝。史稱其「幼喜書翰，十歲能詩。既長，精射法，曉音律，好繪畫」，〔註22〕是文武俱全之帝。聖宗未親政前，由其母承天后攝政，因生活細節管教甚嚴，受責辱亦無怨懟，好讀《貞觀政要》，欽服唐太宗，後唐明宗，至於與遼代對立之宋太祖、太宗，亦為其所讚賞之近代英主；又曾親自以契丹字譯白居易《諷諫集》，並召契丹官員閱讀。〔註23〕聖宗喜讀唐史，閱高祖、太宗、玄宗三紀，命侍讀學士馬得臣，錄唐帝行事可法者以進；馬得臣又於諫書中稱聖宗「游心典籍，分解章句」，說明其研習漢學之情形。〔註24〕或因聖宗自身喜讀書史，有所倡導，蔚為風氣，故有諸郡王奏請：「各將之官，乞選伴讀書史」，從之。〔註25〕此為倡導漢學之舉。

相關於倡導漢學之措施即為科舉之制，統和六年（988年）「詔開貢舉」，〔註26〕此時承天皇后攝政時期，應為其倡導漢學之措施，此後，科舉為定制至於遼末。即自承天后、聖宗以下諸帝莫不施行科舉，雖是以漢法待漢人，但對漢學之倡導宜有其功用。聖宗尚且親臨御試，提高科舉之地位，如統和廿七年，行「御前引試」，統和廿九年，「御試」等等。〔註27〕

〔註18〕參見《遼史》，卷79，〈室昉傳〉，頁1271。

〔註19〕參見《遼史》，卷8，〈景宗紀上〉，頁96。

〔註20〕見《遼史》，卷71，〈后妃傳〉，頁1202。

〔註21〕參見《遼史》，卷13，〈聖宗紀四〉，頁150。

〔註22〕見《遼史》，卷10，〈聖宗紀一〉，頁107。

〔註23〕參見《契丹國志》，卷7，〈聖宗紀〉，頁64。

〔註24〕參見《遼史》，卷80，〈馬得臣傳〉，頁1279、1280。

〔註25〕參見〈遼史〉，卷17，〈聖宗紀八〉，頁201。

〔註26〕參見《遼史》，卷12，〈聖宗紀三〉，頁133。

〔註27〕見《遼史》，卷14、15，〈聖宗紀五〉、〈聖宗紀六〉，頁164、170。

（七）興宗耶律宗真

宗真為聖宗長子，史稱其「善騎射，好儒術，通音律」，〔註28〕書史詩文皆為其所好，而由漢學中論明治道。如重熙廿一年（1052 年），召宰執等坐論古今治道，〔註29〕又問天下治道於名學者蕭韓家奴，復命其與耶律庶成參酌古今以制禮書，其他如詔命譯書史，則有蕭韓家奴譯《通曆》、《貞觀政要》、《五代史》等。〔註30〕

興宗好漢學儒術，承聖宗以來科舉之制，並行「御試」，又「親策進士」，是御出試題，此「親試進士」於禮部貢院，係出於漢臣張儉之議，御試如「御清涼殿試進士」，「御金鑾殿試進士」等，〔註31〕帝王重視科舉至此，於漢學之倡導自更具助力；而後道宗、天祚帝皆有御試或親放進士、策賢良之舉。興宗親試進士，似以詩賦為主，如重熙五年（1036 年），以「日射三十六熊賦」、「幸燕詩」為題。〔註32〕帝王好詩，故常見賜贈臣僚之詩、宴樂賦詩、和詩；如其飲酒賦詩，宰執唱和以詩，至「夜中乃罷」，見其詩酒之興，而宰執等亦皆能詩。又親製誥辭、賜詩以示寵於南院大王耶律胡睹袞。〔註33〕對漢臣張儉則「進見不名，賜詩褒美」。〔註34〕對重臣耶律仁先亦賜詩，御製文親宣之；〔註35〕製文、詩為尊榮臣僚之故。興宗生辰時，宴集群臣，命各賦詩，祭太后（仁德）時，亦命儒臣賦詩。〔註36〕南方宋朝使臣來，乘機可作詩友之會，故招之釣魚、賦詩。〔註37〕因喜愛賦詩，除與群臣倡和外又與司空大師（思孝）對榻作詩，思孝和詩，有「為愧荒疏不敢吟，不吟恐忤帝王心」之句。〔註

〔註28〕見《遼史》，卷 18，〈興宗紀一〉，頁 211。

〔註29〕參見《遼史》，卷 I8，〈興宗紀一〉，頁 211。

〔註30〕參見《遼史》，卷 103，〈蕭韓家奴傳〉，頁 1446～1450。

〔註31〕見《遼史》，卷 20，〈興宗紀三〉，「贊曰」，頁 248。親試進士之舉見〈興宗紀一〉，頁 220，又見〈興宗紀三〉，頁 241，啟發御試之事，見卷 80，〈張儉傳〉，頁 1278。

〔註32〕見〈興宗紀一〉，頁 217、218。

〔註33〕見〈興宗紀一〉，頁 219。

〔註34〕見前揭〈張儉傳〉。

〔註35〕參見趙孝儼，〈耶律仁先墓誌銘〉，《全遼文》（北京市，中華書局，1982 年）頁 198。另見《遼史》，卷 96，〈耶律仁先傳〉，頁 1397。

〔註36〕參見《遼史》，卷 21，〈道宗紀一〉，頁 253。祭仁德皇后賦詩事，見《遼史》，卷 21，〈杜防傳〉，頁 1326。其賜仁先詩句曰：「自古賢臣耳所聞，今來良佐眼親見。」

〔註37〕參見《遼史》，卷 20，〈興宗紀三〉，頁 247。

〔註38〕沙門海山有〈和興宗詩二首〉，見《全遼文》，頁 169，此事與興宗詩見王寂，

38〕是知興宗詩興之濃，雅趣之深。如幸臨后弟蕭無曲第，行曲水流觴之雅遊而賦詩，故朝廷中不免有帝王作詩論賦之友，如文學家耶律谷欲即是。〔註39〕由上記載可知興宗好儒術，其漢學在於講讀經史外，以詩賦文學見長，又喜丹青之筆，同於其父聖宗之好繪畫，曾以所畫之鵝雁贈送宋朝，其畫作「點綴精妙，宛乎逼真」，宋仁宗亦以飛白書以贈答。〔註40〕

（八）道宗耶律洪基

洪基為興宗長子，其文武之資不亞於興宗，於漢學之研習與倡導更未遑讓。大體上興宗所為之研習與倡導諸事，道宗亦承襲未改，如行科舉、御試進士等，〔註41〕更設賢良科，御殿親為策試，〔註42〕又於即位不久，詔設學養士，且命中京置國子監，以時際先聖先師；〔註43〕此皆有倡導漢學之功，故史贊其「勸農興學」，〔註44〕當不為過，惜其興學之舉措則史多未載。如其即位當年，除下詔設學養士外，又頒《五經》傳疏，置博士、助教各一員。〔註45〕講究經史之學，如召翰林學士趙孝嚴、知制誥王師儒等講五經大義，召樞密直學士耶律儼講《尚書·洪範》，召中書令姚景行問古今儒士優劣，又命皇孫延禧寫〈尚書五子之歌〉，講求經書之深，並督導皇孫研習漢學，同時詔南京、中京二府精選舉人，詔諭學者，窮經明道等，〔註46〕是見其倡導漢學之用心。道宗本人聽講經書，《契丹國志》有段記載，可見其才分特質、為學心態、及其恢宏之氣度，頗可參考之：

> 帝通達睿明，端嚴若神，觀書通其大略，神領心解。常聽侍臣講《論語》，至北辰居其所而眾星拱之，帝曰：「吾聞北極之下為中

《遼東行部志》（臺北市，廣文書局，民國57年），頁3上。

〔註39〕曲水泛觴賦詩，參見〈興宗紀一〉，頁217，詩友見卷104，〈耶律谷欲傳〉，頁1457。

〔註40〕參見《契丹國志》，卷8，〈興宗紀〉，頁76。

〔註41〕參見《遼史》，卷23，〈道宗紀三〉，頁275。

〔註42〕道宗設賢良科，始於咸雍六年（1070年），見《遼史》，卷22，〈道宗紀二〉，頁269，御殿親為策試，見同前註。

〔註43〕參見〈道宗紀一〉，頁258。

〔註44〕見《遼史》，卷36，〈道宗紀六〉，「贊曰」，頁314。

〔註45〕參見〈道宗紀一〉，頁253。

〔註46〕參見《遼史》，卷24，〈道宗紀四〉，頁291，耶律儼及延禧事，見卷35，〈道宗紀五〉，頁296。精選舉人，詔諭學者之事，見頁298；姚景行事，見《遼史》，卷96，〈姚景行傳〉，頁1403。

樞，此其地耶？」又講至夷狄之有君，疾讀不敢講，帝曰：「上世獷
鬻、獫狁、蕩無禮法，故謂之夷，吾修文物，彬彬不異中華，何嫌
之有？」卒令講之。〔註47〕

講究經史，對漢籍圖書應有所注重，除前述頒五經傳疏外，又詔求乾文閣所
缺經籍，命儒臣校讎之，〔註48〕是對漢學經籍之整理、收藏之業；並詔有司
頒行《史記》、《漢書》，〔註49〕是對史學名著之推廣倡導。但對書籍之流佈，
道宗卻有禁令，不許民間私刊文字，〔註50〕此對漢學之推廣於社會卻有所阻
礙，與其倡導之作為卻適成相反。

日常生活中作文賦詩之興致，道宗不亞於其父興宗，如其依興宗舊習，
於生辰宴請群臣，命各賦詩。又曾為曉諭任臣之意，親制〈放鷹詩〉以賜群
臣；而有所感慨時，能誦〈黍離〉之詩。〔註51〕遊幸醫巫閭山，因皇太后射
獵獲虎，於是大宴群臣，命各賦詩。〔註52〕宴集慶賀時與群臣賦詩，同於詩
文之會。御製詞賦以賜臣僚之記載亦有所見，如親製誥詞賜蕭孝友，以為褒
寵之意，又如對平定皇叔耶律重元之亂有功的耶律仁先，除晉封官爵外，亦
親製文以褒獎，並詔畫圖以旌其功，又賜詩褒揚北院樞密副使耶律斡特剌等。
〔註53〕道宗之詩賦文辭等頗多，但留存者甚少，其情形並參看下文所述關於
漢學成果部份。史載道宗曾命耶律庶成譯方脈書，此當為漢學中之醫典，由
於「契丹醫人鮮知切脈審藥」之故，而方脈書譯成後，「自是人皆通習，雖諸
部亦知醫事」，〔註54〕除知耶律庶成為契丹醫家，又通漢學醫典，始能譯書，
又可知道宗推廣漢醫，倡導漢學於契丹部族中，實有莫大之貢獻。

道宗宣懿（懿德）皇后蕭觀音亦通漢學，史稱她「工詩、善談論，自製
歌詞，尤善琵琶」，「好音樂」並「旁及經子」，又善於書法，〔註55〕知皇后具

〔註47〕參見，《契丹國志》，卷9，〈道宗紀〉，頁87。
〔註48〕參見〈道宗紀二〉，頁264。
〔註49〕參見〈道宗紀三〉，頁276。
〔註50〕參見〈道宗紀二〉，頁264。
〔註51〕生辰宴群臣事見〈道宗紀一〉，頁253。御製〈放鷹詩〉事同。誦〈黍離〉之
詩，見卷110，〈張孝傑傳〉，頁1486。
〔註52〕參見〈道宗紀二〉，頁265。
〔註53〕蕭孝友事見《遼史》，卷87，〈蕭孝友傳〉，頁1334。耶律仁先事，見卷96，〈耶
律仁先傳〉，頁1486。耶律斡特剌事，見卷97，〈耶律斡特剌傳〉，頁1407。
〔註54〕參見《遼史》，卷89，〈耶律庶成傳〉，頁1349。
〔註55〕見《遼史》，卷71，〈后妃傳〉，頁1205。又見王鼎《焚椒錄》（楊家駱主編，
《遼史彙編》，第六冊，台北市，鼎文書局，民國62年），頁54之1、之4。

文學、藝術、博學之才。帝后二人當為知音相得，惜其後宣懿死於宮廷事件，而主謀者為權臣耶律乙辛。〔註56〕宣懿后詩、文俱佳，其漢學作品於下文中再述。

（九）天祚帝耶律延禧

延禧為道宗之孫，史無明載其研習漢學之事，但前述能書寫《尚書》字句，知有相當漢學研習，又以其養於宮中，受道宗及師傅之教，當知漢學，又其文妃善詩歌曾作為諷諫，天祚帝能讀懂其意，宜有相當文學基礎。〔註57〕關於漢學之倡導，天祚帝即位的第三年，下詔監修國史耶律儼纂太祖諸帝實錄，是未輕忽修史工作，亦可謂有助於漢學之推廣也。〔註58〕

三、漢學之成果

帝后研習漢學應有其成果或作品，然須視史料所載明者始能言之，至於帝后之詔諭冊書、公文類之作品，除為其親製者，否則皆視為臣僚代作，不在本文所論之中。又隻字片語或言之不詳者，述之則無意義，亦不在列論之中。

太祖帝、后。皆未見其漢學作品。

太　宗

未見其漢學作品。但太宗於大同元年（947 年）滅後晉，入主中原時，曾作〈報皇太弟問軍前事書〉，〔註59〕此為兄弟間之私函，然是否確如史載之漢文作品，則仍未敢確定。

世宗。未見其漢學作品。

穆宗。未見其漢學作品。

景　宗

漢學作品僅見其親作致書北漢劉繼元之文，此上文已言及，為書信文字，尚不便說為漢學。《遼史》未載其文字內容，依《續資治通鑑長編》所載，言

〔註56〕參見《遼史》，卷 110，〈耶律乙辛傳〉，頁 1483～1486。卷 62，〈刑法志下〉，頁 945。
〔註57〕參見《遼史》，卷 71，〈后妃傳〉，頁 1206、1207。卷 24，〈道宗紀四〉，以王師儒為其師傅，頁 289。
〔註58〕參見《遼史》，卷 27，〈天祚帝紀一〉，頁 320。
〔註59〕參見《遼史》，卷 4，〈太宗紀下〉，頁 60。

其文為責劉繼元未依命任其弟劉繼文、舊臣李弼之故，〔註60〕其文簡練明達，可供了解景宗之漢文水準。

景宗承天皇后於統和十五年（997），有告誡其子聖宗田獵之書，言簡意正，可供參看。其文曰：

> 前聖有言，欲不可縱。吾兒為天下主，馳騁田獵，萬一有銜橛之變，適遺予憂。其深誡之。〔註61〕

聖　宗

聖宗之漢學成果皆表現於其詩文之中，上文言及其詩學造詣由「十歲能詩」可知。漢人劉三嘏獻〈一矢斃雙鹿賦〉，聖宗「嘉其瞻麗」，〔註62〕是能評賞詩賦之例。又有博學能聞之蕭勞古為其詩友，及聖宗賜詩於蕭撻凜，是作詩、論詩之例。〔註63〕惜聖宗完整之詩作僅見其〈傳國璽〉詩：

> 一時製美寶，千載助興王。中原既失守，此寶歸北方。子孫皆慎守，事業當永昌。〔註64〕

聖宗之文，詔書敕令不計，推為其親作者有二，〔註65〕其一為〈諸侄誡〉文：

> 汝勿以材能陵物，勿以富貴驕人；為忠為孝，保家保身。

又有〈手書耶律鐸軫衣裾文〉：

> 勤國忠君，舉世無雙。

此既為「手書」，則聖宗亦當能為漢文書法。

興　宗

興宗漢學之作品亦在詩文，其詩完整之作僅見一首〈以司空大師不肯賦詩以詩挑之〉，詩云：

〔註60〕參見李燾，《續資治通鑑長編》（北京市，中華書局，2004年），卷11，「太祖開寶三年」，頁241。

〔註61〕參見《遼史》，卷13，〈聖宗紀四〉，頁150。

〔註62〕參見《遼史》，卷86，〈劉六符傳〉，頁1323。

〔註63〕參見《遼史》，卷80，〈蕭朴傳〉，頁1280。賜詩之事，見卷85，〈蕭撻凜傳〉，頁1314。

〔註64〕見閻鳳梧、康金生主編，《全遼金詩》（太原市，山西古籍出版社，2001年），上冊，頁20。並參見註文，以此詩當為聖宗所作。

〔註65〕見閻鳳梧、康金生主編，《全遼金文》（太原市，山西古籍出版社，2001年），上冊，頁210、211。

　　為避綺吟不肯吟，既吟何必昧真心。

　　吾師如此過形外，弟子爭能識淺深。〔註66〕

此司空大師當為法號「海山」之郎思孝，即上文有沙門和興宗詩者，而後海山住持縉雲山，興宗特作御書並遣人持賜物等往慰問。言「順時善加保攝」；〔註67〕此興宗與沙門詩友之誼。

　　興宗又善畫，曾作有〈千角鹿圖〉贈予宋仁宗，宋仁宗展示於太清樓下，後藏於天章閣。〔註68〕

道　宗

　　道宗漢學之詩文應較多，有詩賦題名者，除上文之〈放鷹賦〉外，又有〈君臣同志華夷同風詩〉進呈皇太后，〔註69〕見其詩大概以倡導「蕃漢」一家為主。其他有〈釋摩訶衍論通玄鈔引文〉，文意通達，思路清簡，不知是否確為其親筆？文略長，暫不錄，又有〈戒喦釋流偈〉，為完整之七言詩：

　　欲學禪宗先趣圓，亦非著有離空邊，

　　如今毀相廢修行，不久三塗在月前。

頒行〈御製華嚴經讚〉，則未見其文，又有所書〈秦越大長公主捨棠陰坊第為大昊天寺碑〉，及篆額。〔註70〕另有〈題李儼黃菊賦〉最能見其詩作之造詣，〔註71〕其詩云：

　　昨日得卿黃菊賦，碎剪金英填作詩。

　　袖中猶覺有餘香，冷落西風吹不去。

道宗詩作今可見者與前二朝聖宗、興宗同樣甚少，但原來數量應較多，故有監修國史耶律白，請編集道宗詩賦之舉，且受命作序，此或即為《清寧集》，但書已佚而不得見。〔註72〕

〔註66〕見閻鳳梧、康金生主編，《全遼金詩》，上冊，頁24。

〔註67〕興宗與海山之詩及慰問御書之文，見前揭王寂，《遼東行部志》，頁6。此詩、文亦收見於《全遼金詩》、《全遼金文》書中。

〔註68〕參見郭若虛，《圖畫見聞志》（長沙市，湖南美術出版社，2004年，米田水譯註本），卷6，〈近事〉「千角鹿圖」，頁231。

〔註69〕參見〈道宗紀一〉，頁255。

〔註70〕參見《遼史》，卷22，〈道宗紀二〉，頁267。〈戒喦釋流偈〉詩見於《全遼金詩》，頁29。〈大昊天寺碑〉見陶宗儀，《書史會要》（上海書店），卷8，頁1上所載，又可知道宗善書法。

〔註71〕參見《全遼金詩》，頁29。

〔註72〕參見〈道宗紀一〉，頁258。以道宗之詩賦為《清寧集》，參見《全遼金詩》，頁29。

道宗宣懿皇后前已言及工於詩賦，又善音樂。有〈諫獵疏〉上道宗，文引周穆王、夏太康之典為鑑，諫道宗勿「特以單騎從禽，深入不測」，言簡意深。〔註73〕宣懿后以詩賦見長，於清寧二年（1056年）從道宗出獵，有詩〈伏虎林應制〉：

　　威風萬里壓南邦，東去能翻鴨綠江。

　　靈怪大千俱破膽，那教猛虎不投降。〔註74〕

「南邦」所指為宋朝，以遼宋盟好對峙，然以其大遼國勢勝於南方，其詩作甚得道宗之喜愛。又有應上文所言，道宗曾作〈君臣同志華夷同風詩〉進呈皇太后，宣懿則和詩云：

　　虞廷開盛軌，王會合奇琛。到處承天意，皆同捧日心。文章通
　　蠡谷，聲教薄雞林。大寓看交泰，應知無古今。

詩比遼朝為上古賢王之虞廷，文教達海內，又以《易·泰卦》言天地交秦，自喻為當代之盛世。有〈回心院詞〉十首，共十首宮詞，寫思君念君之情懷。其〈懷古〉詩，因詩句隱伶官趙惟一之姓名，而遭羅緻為私亂於後宮之證，其詩為：

　　宮中只數趙家妝，敗雨殘雲誤漢王。

　　惟有知情一片月，曾窺飛燕入昭陽。

道宗以耶律乙辛與張孝傑窮治宣懿之罪，因而賜死，故宣懿又留有〈絕命詞〉詩歌一首，中有詩句云：

　　豈禍生兮無朕，蒙穢惡兮宮闈，將剖心兮自陳，冀回照兮白日，
　　知吾生兮必死，又焉愛兮旦夕。

此為其絕筆之作。〔註75〕

天祚帝

天祚未見其漢學作品，但他曾奉道宗命書寫〈尚書五子之歌〉，如前述或可列為漢學習作，又曾手書「宣馬宣徽」詔馬人望事，可知能漢字書

〔註73〕〈諫獵疏〉全文參見《全遼金文》，頁497。

〔註74〕參見《全遼金詩》，頁31。

〔註75〕宣懿后所作〈應屬和道宗君臣同志華夷同風詩〉、〈回心院詞〉十首，〈懷古〉、〈絕命詞〉等，俱見於前註，頁31～33。道宗治宣懿后事，參見前揭〈耶律乙辛傳〉及〈刑法志下〉。另參見姚從吾，〈遼道宗宣懿皇后十香詞冤獄的文化分析〉，收在《姚從吾先生全集》，第五冊（臺北市，正中書局，民國70年），頁81～134。

法。〔註76〕其文妃善歌詩，留有〈諷諫歌〉、〈詠史〉二首。遼末天祚朝，
女真起兵反遼，時局不靖，但天祚帝猶不恤國政，獵遊不止，疏斥忠臣，
文妃乃作歌諷諫：〔註77〕

> 勿嗟塞上兮暗紅塵，勿傷多難兮畏夷人，不如塞姦邪之路兮，
> 選取賢臣。直須臥薪嘗膽兮，激壯士之捐身，可以朝清漠北兮，夕
> 枕燕雲。

歌詞簡捷清晰，又取臥薪嘗膽之典故，發激勵之情。又作〈詠史〉歌詠嘆，
其詞曰：

> 丞相來朝兮劍佩鳴，千官側目兮寂無聲。養成外患兮嗟何及！
> 禍盡忠臣兮罰不明。親戚並居兮藩屏位，私門潛畜兮爪牙兵。可憐
> 往代兮秦天子，猶向宮中兮望太平。

詞中言宰執居位而無能治理政事，且結朋黨親戚營私誤國，以至於忠臣盡去，
以秦朝之將亡為史之鑑。其詩歌實則在於責諷天祚帝，故引致「天祚見而銜
之」。後以朝中政治鬥爭，文妃受誣而賜死，此與天祚帝不滿其直言諷諫不無
關係。〔註78〕

四、結　語

依《遼史》所載遼代共九帝、二十后妃，總體上而言應全接觸及漢文化，
然其沾染程度不一。於漢文化中之漢學部份，其研習、倡導、成果更有相當
差距，但由於史料有限，所知之情形亦受侷限；尤其在漢學作品方面，其成
果今得見者甚少。

今且以遼太祖建國至世宗南伐遇刺（907～951）其間約四十餘年為初期。
以穆宗至道宗大康初，宣懿后及皇太子皆死之時（951～1078）為中期，期間
約百二十餘年。以道宗大康後至天祚亡國（1078～1125）約近五十年，為遼之
晚期。以分期來觀察遼代帝后與漢學之關係。

遼初太祖至世宗時期，約四十餘年，為接觸漢文化及「蕃漢」文化融合
醞釀時期，其中以太宗入主中原，取後晉典章文物及中原士大夫北歸為重要

〔註76〕參見《遼史》，卷105，〈馬人望傳〉，頁1463。

〔註77〕文妃作品二首，俱見於前揭〈后妃傳〉，頁1206、1207。

〔註78〕天祚朝之政治鬥爭與文妃之死，除參見前註外，另參見蔡美彪，〈遼代后族與
遼季后妃三案〉，《歷史研究》，1994：2期，頁43～61。

階段。於前期帝后皆不易見具體之漢學情形，大約僅在崇儒尊孔、漢制禮儀、語文方面略知其概，即如世宗之「慕中華風俗」，但亦未見其研習及倡導漢學之具體情形。

自穆宗至道宗晚期之百廿餘年，可謂遼代漢學展現之中期。中期之前期景宗時期，重開科舉於南京，雖為漢地而行之制，但間接倡導漢學，而後於遼代中期始遂為定制，且愈形重視。聖宗時期，景宗后承天攝政時間居其半，漢文化漸盛行於其國，但遼朝有契丹「國制」部份，未能全面接受漢文化。大約朝廷兼採漢制較多，而帝后重漢學並研習、倡導，及其作品較能具體呈現者，亦始自於聖宗，故言漢學之盛起於遼代中期。

帝后之受漢學出於庭訓或宮中教育，〔註79〕其時尊孔興學，講究經史、詩文，整輯經籍，親御殿試，論史求治，音律、書畫、醫學皆有可觀；尤以詩文方面為漢學表現之代表。史書中記載詩文之作頗多，惜其作品之內容留存有限，詩文之作不外遊幸、宴集、賜予、唱和等場面，亦有特定目的、感懷之作，此皆不異於漢族帝王之儒雅風流，而上有所好，必流風及於臣下，遂形成儼然文采，彬彬君子之朝廷；據此，則遼代中期之帝王豈非漢家天子乎？

遼末道宗晚期至天祚帝的五十年，因國事紛擾，史書多載其軍國事件與變遷形勢，其漢學則幾無所言，僅以修史與講經學為未忘倡導之功，然對漢學之態度應仍保持中期之情形。晚期文妃之文墨、詩歌與中期道宗之宣懿后之工詩、音律，皆為遼代后妃中最為具體漢學之表現，但亦皆於政治鬥爭之下而亡，雖身死不年，然其詩賦之作，尚可得見其才情心思！

自遼初太祖之能言漢語、太宗之製文題壁，世宗之慕中華，為遼初帝王

〔註79〕帝后受學情形，史料明載者甚罕見，以天祚帝而言，道宗大康八年（1082年）「詔化哥傳導梁王延禧」，十年，「命知制誥王師儒、牌印郎君耶律固傳導燕國王延禧」，見〈道宗紀四〉，頁287、289。可知契丹人、漢人皆曾為天祚帝之師，然為皇子（孫）師，其官職並未有定制。又據〈王師儒墓誌銘〉所載，師儒於大康九年任乾文閣待制，「命為伴讀」梁王，又於壽昌六年（1100年）任宣政殿大學士，判史館，「依前伴讀燕國王」，故〈墓誌〉言其「上為天子輔，次為王者師」，其為天祚帝師時間與《遼史》所載有異，其任知制誥時，〈墓誌〉載為大康末，當即為《遼史》載大康十年相當，是以其曾二度為天祚帝師，見其官銜，皆為文學侍從之類，或可推見漢人為宮廷之師當帶此職。〈墓誌〉見向南，《遼代石刻文編》（石家莊，河北教育出版社，1995年），頁645～650。

漢學之可稱者。自穆宗之用漢禮，景宗之能漢文、復科舉等，而下至中期三朝乃至遼末，漢學浸然，經史詩文並茂，絕非同日可語，而自其接觸、醞釀至於成熟，亦由此中可窺得消息。遼代帝后之漢學，除遼末短期間內，因局勢大變至於流亡國外，可謂呈梯狀之趨勢，未見有升降沈浮之變動曲線，即由低淺漸次升高，至於興盛不降、遞升而不減之勢，此或可說明遼代帝王日漸喜好漢學之發展趨勢。至於后妃之情形，尚無充分資料言其升降之勢，但以帝王之好惡或可作為參考。

至於契丹本北方遊牧之族，有其傳統的文化及生活方式，遼朝建立之新帝國，仍保有其制度與文化，但因沾染漢習、漢學，所得之漢文化除典章制度、軍政等方面得以觀察其演變外，於其生活文化中，亦可得見其轉變，或增加新的內容，就本文所論而言，其生活態度之轉變為接納文學較為突出，促使其在生活美學方面有新的發展。

第三篇　遼代契丹族群之漢學

一、前　言

　　契丹族於十世紀初建立遼朝，遼初經太祖、太宗二帝之擴張，除統有北方諸民族外，又滅東北之渤海國，獲取南方燕雲十六州漢地，其帝國之統域大體擁有內、外蒙古，東北地區及河北、山西之北部；遂造成多元民族之朝代。契丹既統治多元之民族，亦必接觸多元之文化，簡言之，契丹及其北方民族文化代表草原傳統文化，渤海及燕雲地區漢文化代表南方農業文化，文化接觸而產生變遷，影響層面甚廣。因之，欲究遼代之文化，既有故風舊俗之一面，又有時尚新習之一面，而舊俗與新習間產生之變遷，遂漸形成一種複合之文化面貌，其間可探討之課題應頗為複雜而繁多。

　　對於遼代文化之探討，大體多分為幾個方面，其一為對遼代文化做通論性或概說之論述，其二為討論契丹與漢文化或漢化之問題，其三為討論契丹族本身之禮儀文化或風俗故習等課題；至於研究遼代儒家思想或尊孔崇儒等，仍可歸入其二之漢化問題之中。然則遼代文化之課題複雜繁多，即上述幾個方面皆有其細部研究之課題，如契丹之語文、藝術、科技、宗教、文物等等皆有探討之空間，雖亦皆有學者論及，筆者以為經細部之研究較能深入，亦較為確實，聚細部之研究乃能滙綜而成其大。

　　討論遼代契丹與漢文化之關係，可由不同之角度以觀察，因而可形成不同之課題及研究之取向。本文欲從「漢學」之角度討論其與契丹族群之關係，即探討遼代政權主體之契丹族群對於漢文化中「漢學」之態度如何？由史料中蒐討其「漢學」領域中之表現，當可反映出其究竟情況。此課題在討論遼

代文化或漢化問題中，多偶有涉及，雖有相關敘述，但未有專題之討論。本
文中所指之「漢學」係以漢文化中學術性之儒學為主，兼及具專業性之文藝
等方面，且以漢文字、漢文化之工具表達者，至於宗教、科技等，事涉複雜
且較不易判準，故本文暫不涉及而有待往後之研究。

　　陳登原有〈遼人吸收漢文化〉，言及遼人重視漢人文物風俗，並舉帝后數
人對漢學之研習。黃任恆曾作〈遼代文學考〉，收錄遼代契丹族群詩文漢學人
物四十餘人，可謂較早注意及此者，然其中包括漢族、北族之文學。又尹克
明，〈契丹漢化略考〉分述契丹於遼朝各方面接受漢化之情形，其中述及文化
漢學，但多列名而已，約二十餘人。〔註1〕前章〈論遼代帝后之漢學〉一文，
述作之目的、方法與本文相同，但係以帝王、后妃為主題，未論及其他契丹
族群，故本文可謂賡續前文而作，以期對遼代契丹族群與漢學之關係能有全
面之觀察。本文以契丹族群為觀察對象，主要包括耶律、蕭姓二大族，賜姓
不在此內。然蕭姓較具爭議，或謂非「契丹」人，即指后族之裔中部分蕭姓
之族源問題，但筆者以為外戚蕭姓皆為北方民族，或奚族、或回鶻、或他部，
且不妨皆視為契丹族群，均為本文討論之對象。

二、前期漢學

　　遼代有國二百二十年，為便於討論而有分期之必要，即將遼代族群之漢
學分為前、中、晚三期。前期以遼太祖耶律阿保機建國（907 年）至遼景宗耶
律賢之保寧六年（974 年）止，其間六十七年；是年遼宋議和。〔註2〕遼初太
祖建國為南方五代時期之始，契丹發展在於統合各部族並北方民族之征服，
擴張勢力及於長城沿線，復滅海東盛國之渤海，為接觸漢人及漢文化之初始。
太宗耶律德光因援晉而得燕雲十六州之地，及後滅晉而入主中原，其北返故
土時掠取中原文物圖籍與漢人，造成契丹初期接觸大量漢人與漢文化之局。
世宗耶律阮在位僅四年餘，雖多用晉臣，慕中華風俗，意欲南伐而遇弒。穆
宗耶律璟專事游獵，雖用漢禮於朝會，然於漢文化亦未多有記錄可言，其時

〔註 1〕參見陳登原，《國史舊聞》（臺北市，大通書局，民國 60 年），下冊，頁 336～
　　　　339。黃任恆，《遼痕五種》（臺北市，廣文書局，民國 61 年），上冊，上、下
　　　　二卷。尹克明文原刊於《禹貢》半月刊，第 6 卷，第 3、4 期合刊，收錄於漢
　　　　學研究室編《宋遼金元史論集》，第一輯（臺北市，漢聲出版社，民國 66 年），
　　　　頁 436～449。
〔註 2〕參見《遼史》（北京市，中華書局），卷 8，〈景宗紀上〉，頁 94。

曾逢周世宗及宋軍之北伐，與南方處於戰爭狀態；直至景宗保寧六年，雙方議和而止。遼與南方之宋朝仍處於對峙與和戰不定之局，而後又有宋太宗之北伐及遼軍之南侵，長期和平之達成則在於遼聖宗與宋真宗之澶淵和盟。

　　景宗與宋朝初和後二年，即復南京（燕京）之科舉，此有助於漢學之倡導。〔註3〕以時間計遼初建國至此已近七十年，遼代對漢文化之接觸與醞釀已有相當時日，而漸開往後漢學之興盛及全面之開展，故前期之漢學約略以止於穆宗時。前期之遼代各朝帝王於漢學並無成果可言，僅於對漢學之研習與倡導各方面留有記錄，正可說明其時之接觸與醞釀所表現之特色。〔註4〕除帝王之外，其他契丹族群之漢學情形，列之如下：

1. 耶律倍

　　小字圖欲，皇族，太祖長子，以畫作聞名於藝術史。初立為皇太子，太祖平渤海，設立為東丹國，以倍為人皇王主之；曾受學於河間名儒張諫。〔註5〕太宗即位，因見疑而南奔後唐，石敬瑭滅後唐時為唐末帝李從珂所害。倍自幼即聰明好學，勸議太祖尊孔建廟，曾於醫巫閭山建「望海堂」以藏書。通陰陽，知音律，精醫藥、砭焫之術，工遼、漢文章，嘗譯《陰符經》，又善畫本國人物，如〈射騎〉、〈獵雪騎〉、〈千鹿圖〉，為宋祕府所藏，《宣和畫譜》登錄藏有十五幅。南奔前曾於西宮起書樓，作〈樂田園詩〉。倍初奔唐，受賜名東丹慕華，後復賜名為李贊華，留有〈海上詩〉〔註6〕：

〔註3〕參見前註，頁 96。

〔註4〕參見〈論遼代帝后之漢學〉。

〔註5〕參見陳述，《全遼文》（北京市，中華書局，1982 年），卷 4，趙衡，〈張正嵩墓誌銘〉，頁 89、90。

〔註6〕參見《遼史》，卷 72，〈宗室傳〉，頁 1209～1211。葉隆禮，《契丹國志》（臺北市，廣文書局，民國 81 年），卷 14，〈東丹王〉，頁 137、138。其畫作與品評，參見陳高華，《宋遼金畫家史料》（北京市，文物出版社，1984 年），頁 784～788。宋人董逌，《廣川畫跋》（臺北市，台灣商務印書館，民國 54 年），卷 1，〈書東丹王千角鹿〉，特別提到耶律倍以李贊華名所作千角鹿圖，見頁 3、4。耶律倍畫作，宋元人多有品題，周密，《過眼雲烟錄》（臺北市，學生書局，民國 62 年），卷上載：「東丹王畫番部行程圖，前有宣和御題，後又題云：世所謂東丹王者，其畫絕妙」。見頁 27 上。元好問有〈東丹騎射詩〉：「意氣曾看小字詩，畫圖今又識雄姿」句，指耶律倍作契丹小字詩，畫作，見《遺山先生集》（臺北市，成文出版社，《九金人集》，民國 56 年），卷 14，頁 3 下。趙孟頫有〈題東丹王人犬圖〉，言耶律倍得性情之妙，人犬相習得於筆墨丹青之外，評價甚高，見李修生主編《全元文》（南京市，江蘇古籍出版社，1999 年），第 19 冊，頁 171、172。黃溍有〈跋李贊華獵騎圖〉，言宋宣和內府藏耶律倍

小山壓大山，大山全無力。

羞見故鄉人，從此投外國。

2. 耶律隆先

字團隱，皇族，耶律倍四子，封平王。景宗時封平王，曾仕兼政事令，留守東京。為政薄賦稅，省刑獄，恤鰥寡，數薦賢能之士。其為人聰明，博學能詩，有《閬苑集》行世。〔註7〕

3. 耶律道隱

字留隱，皇族，耶律倍五子，追封晉王。生於後唐，其父遭害時年尚幼，由洛陽僧人所匿養，故名道隱；及唐亡後還故國。景宗時封蜀王，仕上京、南京留守，為政嚴肅，民獲安業。聖宗統和初病薨，追封為晉王。道隱性沈靜，有文武才，為時人所稱，〔註8〕是知道隱當曾研習漢學。

4. 耶律喜隱

字完德，皇族，太祖三子李胡之子。封趙王、宋王。雄偉善騎射，然性輕儇，曾數度謀反而赦，於景宗時賜死。喜隱曾見景宗致書北漢劉繼元，以辭意卑遜，乃諫景宗修改文辭，〔註9〕知其曾研習漢學文字，且具相當水準。

5. 耶律羽之

皇族，六院部蒲古只（帖剌）夷离菫之後，耶律覿烈之後。小字兀里，字寅底哂，嗜學，能通諸部語。渤海改東丹國，羽之為中台省右次相，當人皇王奔後唐，羽之鎮撫東丹國人，一切如故。〔註10〕羽之為遼初漢學之通儒，能窮儒、釋、莊、老旨趣，於書、算、射、御無不精通，以其聰明好學之故，博辨洽聞而有天分，於輔政東丹之餘，「留心佛法，耽味儒書」，又尚於「激濁舉士，不濫掄才」，極為難得之學者、政治家。〔註11〕

畫十五幅，《畫譜》指其畫多胡服習俗，不作中國衣冠，「馬尚豐腴，筆乏壯氣」，見《全元文》，第29冊，頁195。又李孝光曾作詩〈遼人射獵圖〉，描述畫作內容，但未說明是否為耶律倍所作畫，見顧嗣立《元詩選》二集，（北京市，中華書局，2002年），上冊，頁604。

〔註7〕參見《遼史》，卷72，〈宗室傳〉，頁1211、1212。

〔註8〕參見前註，頁1212。

〔註9〕參見前註，頁1214。

〔註10〕參見《遼史》，卷75，〈耶律覿烈，附羽之傳〉，頁1238。

〔註11〕參見蓋之庸，《內蒙古遼代石刻文研究》（呼和浩特市，內蒙古大學，2002年），〈耶律羽之墓志〉，頁3。蒲古只即蕭祖次子，亦名帖剌，其考證，見頁6。

6. 耶律屋質

字敵輦，皇族，系出孟父房。太宗滅後晉，北返時崩於途中，南征軍遂擁立世宗，但北方故地述律太后支持李胡為帝，雙方即將有戰爭，幸賴屋質之斡旋，乃消弭內戰而世宗得以繼立。及世宗遭弒，屋質因定亂擁立穆宗有功，遂命知國事，為北院大王。景宗初，因功加「于越」號。屋質性簡靜有器識，史稱其「博學，知天文」，〔註12〕當知其應為初期之漢學人物。

7. 耶律適賢

字阿古真，皇族，系出仲父房，為于越魯不古之子。適賢早受耶律屋質所器重，協贊景宗於潛邸，故景宗初即位乃以為腹心，歷仕平章政事、北院樞密等要職。適賢「嗜學有大志」，屋質謂人言：「是人當國，天下幸甚」；〔註13〕其所學當即為漢學。

8. 耶律琮

即耶律合住、昌尤，字粘袞。皇族季父房，為太祖弟迭剌之孫。景宗初，琮久任南面邊防，安邊懷敵有功，仕涿州刺史，左金吾衛上將軍等職。〔註14〕琮於世宗、穆宗朝時「優遊自得，不拘官爵，恒樂以琴棋歌酒，玩以八索九丘」，又長年奉佛，以釋教為事。〔註15〕是知琮浸淫於漢學，而多以之為生活修身之資與養性之教。

9. 直魯古

吐谷渾人。太祖破吐谷渾時所獲之棄嬰，由淳欽皇后收養。直魯古善醫，以鍼灸專長，後為太宗之侍醫，曾撰有《脈訣》、《鍼灸書》行於世。〔註16〕惜其書已失傳。

10. 蕭思溫

拔里少父房之族，〔註17〕小字寅古。思溫娶太宗之女燕國公主，因勳戚

〔註12〕參見《遼史》，卷77，〈耶律屋質傳〉，頁1255～1258。
〔註13〕參見《遼史》，卷79，〈耶律適賢傳〉，頁1272、1273。
〔註14〕參見《遼史》，卷86，〈耶律合住傳〉，頁1321、1322。
〔註15〕參見《耶律琮神道碑》，蓋之庸前揭書，頁45～50。
〔註16〕參見《遼史》，卷108，〈方技傳〉，頁1475、1476。
〔註17〕《遼史‧蕭思溫傳》載蕭思溫為「宰相敵魯之族弟思沒里之子」，見卷78，頁1267。而《遼史‧蕭敵魯傳》言敵魯「其母為德祖女弟，而淳欽皇后又其女兄也」，見卷73，頁1222，然淳欽后為述律氏，其先人為回鶻族，見《遼史‧

之貴仕為南京留守，於軍政方面皆無所貢獻。後輔立景宗，其女蕭綽為景宗睿智皇后，即遼代著名之承天皇后，思溫貴為外戚之尊，歷仕北院樞密、北府宰相，封魏王。後從景宗出猎，為賊所害。思溫之漢學僅知其「通書史」而已。〔註18〕

以上初計遼代前期之漢學人物 10 人，除吐谷渾之魯古直外，蕭思溫為外戚國舅之族，餘八人皆為契丹皇族。若加上前期諸帝后人（4 帝加述律后）之研習漢學，共為 15 人，此外幾乎未見其他身分者。可知前期之漢學限於高階層且為政權核心集團少數之人，似說明遼代前期接觸與醞釀漢文化之時期，在漢學方面並無多大表現及成果，故漢學之開展顯得緩慢，醞釀時期亦較長。其間較為突出者為耶律倍、倍之子隆光，耶律羽之三人，其次當為耶律琮、直魯古二人。倍與隆光皆有漢學作品之成果，其領域為文學之屬，而倍之圖書收藏尚具有倡導之功，且能為家族創立漢學之傳統。羽之博學頗為特出，經、子小學皆通，旁及釋、老，為研習六藝之學之通儒，惜無作品成果之表現。直魯古雖為吐谷渾人，於漢學中為醫藝之士，亦有作品成果。耶律琮之學為文人士族之學養，能以漢學涵於生活之中，亦難能可貴矣！

三、中期漢學

遼代漢學於前期之醞釀開展，至遼中葉時即趨於成熟，遂開漢學大盛之中期。景宗初雖與南方中原之宋朝達成和議，但雙方仍為敵對之勢，故邊釁時生，未能確切息戰止戈。聖宗繼立時為承天皇后攝政，直至統和廿二年（1044年）遼宋澶淵之盟達成後，南北雙方始正式為和盟之局。景宗後，歷聖、興、道三朝為遼朝中期，亦為遼代鼎盛之時期，聖宗與道宗在位時間甚長，皆接近五十年左右，而道宗朝中期之後，為遼朝由盛轉衰之轉變時期，自權臣耶律乙辛當國，至於宣懿皇后、昭懷太子之被害，最足以說明道宗之政衰，此皆道宗大康年前後之事，據〈道宗紀〉所載，大康六年（1080 年），道宗警悟而出乙辛於朝，九年，以乙辛謀亡入宋遂伏誅。至大安七年（1091 年），以皇孫延禧為天下兵馬大元帥，總北南樞密使事，預定其後之繼位，此即為遼末之天祚帝。故以遼政之衰亡為大康以後，則遼代之中期宜由景宗至於道宗大

后妃傳》，卷 71，頁 1199。則敵魯、思溫應為述律氏族。經蔡美彪之考證，知敵魯與淳欽為同母異父之姊弟關係，敵魯不為述律氏，而與思溫同為審密之拔里氏。見〈遼代后族遼季后妃三案〉，《歷史研究》，1994：2，頁 43～61。
〔註18〕參見前註〈蕭思溫傳〉。

康年止，其間約一百十七年之久。《遼史》載耶律乙辛之得勢時云：

> 詔四方有軍旅，許以便宜從事，勢震中外，門下饋賂不絕。凡
> 阿順者蒙薦擢，忠直者被斥竄〔註19〕

大康元年（1075年），皇太子預朝政，以法度修明，乙辛未能得逞，遂謀誣皇后，皇后死後，於大康三年，又誣陷害死太子夫婦，道宗之受蒙蔽如此，而乙辛之得勢弄權如此，是足以說明遼政之衰。

遼代中期諸帝后之漢學，已遠較前期各朝為盛，如景宗知漢文政典、開貢舉，承天后勸誡聖宗之書，聖宗用心典籍，熟讀書史，親臨御試。興宗之好儒術，講讀經史，工音律、書畫。道宗設學養士，講究經史之學，求校經籍並頒行史書，宣懿后之工詩善樂。諸帝又能親製文辭、詩賦，與群臣唱和、講論，造成朝廷漢學之大盛，不異於漢家天子之風。〔註20〕中期諸帝之研習與倡導漢學，並多有其文學作品成果，一則顯現其對漢文化之態度，一則又影響及朝廷風氣，所謂風行草偃，其勢如此，故尋檢其時契丹族群之漢學，確實蔚為風氣而人才輩出。今舉之如下：

1. 耶律只沒

皇族，世宗三子，字和魯堇。因與景宗為兄弟，故受封寧王，其於穆宗、景宗二朝皆曾犯罪，後放還，聖宗時復其爵位。史稱其「敏給好學，通契丹、漢字，能詩」，其作品有〈放鶴詩〉、〈移芍藥賦〉，知其為文學之皇族。〔註21〕

2. 耶律宗政

皇族，景宗之孫，耶律隆慶之子，字去回，契丹名查葛。因與聖宗為伯姪之親，故歷任高官、封爵，而後興宗、道宗帝時亦皆如此。宗政之漢學為「樂慕儒宗，諦信佛果」，其人格為「戚里推其孝悌，部下仰其寬仁」。〔註22〕

〔註19〕參見《遼史》，卷110，〈耶律乙辛〉，〈姦臣上〉，頁1484。

〔註20〕參見〈論遼代帝后之漢學〉。

〔註21〕參見《遼史》，卷64，〈皇子表〉，頁985、986。

〔註22〕見王寔，〈耶律宗政墓志銘〉，《全遼文》，卷7，頁156～158。按宗政《遼史》無傳，〈墓志〉載其為景宗子隆慶之子，〈皇子表〉載隆慶之子五人，其名為查葛、遂哥、謝家奴、驢糞、蘇撒，見卷64，頁986。據《遼史》興宗、道宗二紀所載，宗政當即為查葛，如〈興宗紀三〉載重熙二十一年，以「南院大王、漊王查葛為南院樞密使，進封越國王」，見頁245，〈道宗紀〉載清寧二年六月以「南院樞密使、越國王查葛為上京留守」，見頁254，以上皆與〈墓誌銘〉所載相和，故知查葛之漢名為宗政。

3. 耶律宗允

皇族，為隆慶三子，宗政之弟，字保信，契丹名謝家奴。亦因為聖宗伯姪之親，其仕官與宗政類似，歷任高官、封爵位王，於興宗、道宗朝皆如此，即「王四紀以來，連典藩國，諳練政術，所至有稱」。言其漢學為「佩詩書之教，洞若生知，靡勞於弦誦」，「加以諦慕佛乘，欽崇儒教，以至仁而撫下，以直道而事君」。〔註23〕

4. 秦晉王妃

國舅少父房，景宗外孫女，蕭排押之女。先後適配耶律隆慶、耶律宗政、劉二玄三人。其性善漢學，讀書頗有天分，博覽經史，尤長於文學，詩歌賦詠傳誦朝野，又聚書數千卷，偏好書傳，晚年更好閱讀，「雖古之名妃賢御，校其梗概，則未有學識該洽，襟量宏廓如斯之比也」。其讀史至蕭、房、杜諸傳，慨然自以有匡國致君之術，又撰有《見志集》若干卷行於世，道宗尚以其知國家大體，常詔備詢問，恩遇隆厚，惜無子嗣繼其家學。〔註24〕秦晉王妃博學經史，復長於文學，實為遼代極特出之貴婦。

5. 耶律宗愿

皇族，聖宗次子，字德恭，契丹名侯古。因與興宗為兄弟，又為道宗之叔，故歷仕二朝為高官。其學為「博通書傳，雅制令章」，集好學、善兵、風流、文雅於一身。〔註25〕

6. 耶律弘世

皇族，興宗幼子，字康時，契丹名阿璉。因家世關係歷任高官於興宗、道宗二朝，歷仕上、西、東三京留守，封秦魏國王。弘世聰慧勇藝，謙善清

〔註23〕宗允於《遼史》中亦無傳，參見劉詵，〈耶律宗允墓誌銘〉，《全遼文》，卷8，頁183～185。其中言宗允二兄為宗政、宗德，加以前註〈皇子表〉核之，知宗允即為謝家奴；宗德則當為遂哥。

〔註24〕參見《全遼文》，卷8，陳覺，〈秦晉王國妃墓誌銘〉，頁193、194。據墓誌載王妃之父為「樞密使北宰相、駙馬都尉曷寧」，母為「魏國公主小字長壽奴」，長壽奴當即《遼史・公主表》之景宗二女長壽女，下嫁於宰相蕭排押，見卷65，頁1002。又據向南之考證，知曷寧實即蕭排押，見向南，《遼代石刻文編》（石家莊市，河北教育出版社，1995年），頁343，註3。

〔註25〕參見趙孝嚴，〈耶律宗愿墓志〉，蓋之庸前揭書，頁222～235。宗愿為《遼史・皇子表》中聖宗之子侯古，見卷64，頁989～991，其考證見前〈墓志〉，蓋之庸註志文（六）。

雅，其為政時致力於選名儒以伴學，擇端正之士以訓德，具有儒臣之風，其於漢學為：

> 通京氏之易傳，善申公之詩義，……而又善音律，閑詞令，練絲簧之逸响，工圖畫之奇迹。〔註26〕

可知弘世深諳經學，音律詞令並丹青之筆，為博學多才之皇族人物。

7. 耶律元寧

六院部蒲古只夷离菫之後，耶律羽之之孫，甘露之子。聖宗時仕為三鎮江巡檢使，三十四歲即去世，以其「知詩知禮」，〔註27〕見其漢學之研習。

8. 耶律元寧

六院部蒲古只之後，曷魯之孫，開（閟）里之子，耶律羽之之姪孫。曷魯與羽之為兄弟，其孫同名。因族系出北大王府，隨軍出征有功，為北王府管軍司徒，元寧歷仕景宗、聖宗二朝，累官至東京中台省左平章，其人風度嚴明，宇量宏達，通諸部語言，又頗通經義，能吟詩書。〔註28〕可見其漢學研習。

9. 蕭勞古

國舅少父房之族。史稱其「以善屬文，為聖宗詩友」。〔註29〕文學程度當有造詣，故能為聖宗之詩友。

10. 蕭　朴

勞古之子，字延寧。由補牌印郎君出身，聖宗、興宗時皆任高官。仕至東京留守，南院樞密使，封魏王。史稱其「博學多智」，聖宗時留心翰墨，因劃譜牒以別嫡庶，引發爭訟，而朴能得上意，敷奏稱旨，故朝議多取決之。〔註30〕其當具漢學之習養。

〔註26〕參見趙孝嚴，〈皇弟秦越國王耶律弘世墓志〉，蓋之庸前揭書，頁259～264。弘世為《遼史・皇子表》中興宗第三子阿璉，見前註，頁992。並見蓋之庸之註文。

〔註27〕見〈耶律元寧墓誌〉，蓋之庸前揭書，頁21～25。

〔註28〕見〈耶律元寧墓誌〉，蓋之庸前揭書，頁109～115。又向南（等）《遼代石刻文續編》（瀋陽市，遼寧人民出版社，2010年），同收此〈墓誌〉，但文中元寧之父作「閟里」，見頁43。

〔註29〕見《遼史》，卷80，〈蕭朴傳〉，頁1280。

〔註30〕見同前註，頁1280、1281。

11. 耶律八哥

五院部人，字烏古鄰。以世業為本部吏出身，聖宗時為上京留守，北院樞密副使，後以征高麗兵敗，降為西北諸都監。史稱其「幼聰慧，書一覽輒成誦」。〔註31〕知其應為博學之士。

12. 蕭合卓

突呂不部人，字合魯隱。以本部吏出身，聖宗時仕至北院樞密使，善於迎合帝王，「時議以為無完行」，然其「明於典故，善占對」，或當有漢學之研習。〔註32〕

13. 耶律學古

仲父房釋魯之後，于越北大王耶律洼之庶孫，字乙辛隱，景宗初補御盞郎君出身，抗禦宋軍有功，官至惕隱。史稱其「穎悟好學，工譯鞬及詩」，〔註33〕知有漢學之研習與文學造詣。

14. 耶律呂不古

仲父房釋魯之後，學古之弟，字留隱。聖宗時因功為東路統軍使，因其弟國留之罪而退隱田里。史稱其「嚴重，有膂力，善屬文」，為文學之士。〔註34〕

15. 耶律國留

仲父房釋魯之後，學古之弟。國留「善屬文」，甚受聖宗器重，但因事為承天皇后所殺，在獄中著〈兔賦〉、〈寤寐歌〉，為世所稱；為文學之士。〔註35〕

16. 耶律資忠

仲父房釋魯之後，學古之弟，字沃衍，小字札剌。聖宗時補宿衛出身，出使高麗還，任為知惕隱事。因不佞附權貴而出為節度使，興宗時復得罪權貴，遣歸鎮而卒。史載其使高麗羈留時，「每懷君親，輒有著述，號西亭集」，因知其有文學作品。〔註36〕

〔註31〕見《遼史》，卷80，〈耶律八哥傳〉，頁1281、1282。
〔註32〕見《遼史》，卷81，〈蕭合卓傳〉，頁1286、1287。
〔註33〕見《遼史》，卷83，〈耶律學古傳〉，頁1303、1304。其族系參見《遼史》，卷69，〈皇族表〉，頁1017、1018。
〔註34〕見前註，〈烏不呂附傳〉，頁1304、1305。
〔註35〕見《遼史》，卷88，〈耶律資忠傳〉，頁1344。族系同前。
〔註36〕見同前註。族系見〈皇族表〉，頁1017、1018。

17. 耶律昭

仲父房釋魯之族，學古之弟，字述寧。聖宗時曾因其兄國留事件流放於西北，時蕭撻凜為招討使，因愛其才，奏免其役而禮致門下，為撻凜策議撫定阻卜。後為林牙，奉聖宗命作賦以述撻凜之功。史稱其「博學，善屬文」，故能作賦，《遼史》傳中並錄存其答撻凜書。〔註37〕

18. 耶律題子

北府宰相兀里之孫。景宗初為御盞郎君，聖宗時以禦宋有功，授西南面招討都監。史稱其「善射，工畫」，於破宋軍賀令圖之役，「宋將有因傷而仆，題子繪其狀以示宋人，咸嗟神妙」，知其為善畫之藝者。〔註38〕

19. 蕭　柳

國舅族，淳欽皇后弟阿古只五世孫，字徙門。幼養於伯父蕭排押家，聖宗時以侍衛出身，伐宋、治北女真、伐高麗等有軍功，仕至東路統軍使。史稱其「多智，能文」，有詩千篇成《歲寒集》，為文學之士。〔註39〕

20. 耶律襄履

皇族，六院部夷離堇蒲古只之後，字海隣。曾使夏、宋國，仕至同知南宣徽院。襄履風神爽秀，工於畫，作聖宗寫真，使宋時亦作宋主寫真，史載其於道宗初使宋，「宋主賜宴，瓶花隔面，未得其真。陛辭，僅一視，及境，以像示餞者，駭其神妙」，〔註40〕可謂畫藝奇絕。

〔註37〕參見《遼史》，卷104，〈耶律昭傳〉，頁1454、1455。又耶律昭作賦事，見《遼史》，卷88，〈蕭撻凜傳〉，頁1314。

〔註38〕參見《遼史》，卷85，〈耶律題子傳〉，頁1314、1315。其族系出於北府宰相兀里，或為南府宰相之誤，因北府宰相為國舅帳世預其選，此〈百官志〉亦有所誤，見〈百官志一〉，卷45，校勘記（二）條，頁720。又〈外戚表〉言國舅「三族世預北宰相之選」，見卷67，頁1027。若兀里為北宰相，當為蕭姓，耶律之皇族四帳始得為南宰相之選。

〔註39〕參見《遼史》，卷85，〈蕭柳傳〉，頁1316、1317。史載其伯蕭排押為「國舅少父房之後」，見卷88，〈蕭排押傳〉，頁1341，則排押當為拔里少父房族系，然〈外戚表〉則列其為阿古只之四世孫，見卷67，頁1029，其間有不合之處。蕭柳則〈傳〉、〈表〉皆如一。

〔註40〕參見《遼史》，卷86，〈耶律襄履傳〉，頁1324。史載其二度使宋，然未見於紀、傳。聶崇岐，〈宋遼交聘考〉所附聘使未見其人，見《宋史叢考》（臺北市，華世出版社，1986年），下冊，頁334～375。傅樂煥，〈宋遼交聘史稿〉，《遼史叢考》（北京市，中華書局，1984年），以遼興宗重熙十六年十二月，遣左千牛衛上將軍耶律防、知制誥韓迴為賀宋正旦使，其「備註」欄言耶律

21. 蕭孝穆

國舅族外戚，淳欽后弟阿古只五世孫，小字胡獨堇。其父為國舅詳穩蕭陶瑰，陶瑰之女即聖宗欽哀皇后蕭耨斤，故孝穆及其兄弟孝先、孝忠、孝友於興宗朝極有權勢，且孝穆之女即為興宗仁懿皇后，陶瑰、孝穆父子一門為兩朝國舅。孝穆於聖宗朝頗有軍功，歷仕為北府宰相、南京、東京留守，興宗時為北院樞密使，封吳國王，追贈大丞相。孝穆為政寬簡，待人謙誠，薦拔忠直之士，曾諫阻興宗伐宋之舉，有〈諫南伐疏〉；亦為興宗詩酒之友，其文集為《寶老集》，今可見其〈畫像發願記事碑〉文。〔註41〕

22. 蕭撒八

國舅族人，蕭孝穆之子。字國隱，因戚屬為官，興宗初補祗候郎君出身，以禮自持，居官有治，仕至西北路招討使；尚魏國公主。撒八風姿爽朗，總知朝廷禮儀，同其父為興宗之詩友；是諳禮能文之士。〔註42〕

23. 蕭蒲奴

奚族，奚王楚不寧之後，字留隱，幼孤貧，聖宗時選充護衛，後遷奚六部大王，平大延琳叛亂有功，興宗時從征西夏，仍以奚六部大王致仕。蒲奴幼受學於醫家，「聰敏嗜學，不數年，涉獵經史，習騎射」；當為漢學之士。〔註43〕

24. 耶律瑤質

積慶宮人，字拔里堇。聖宗時累仕至積慶宮使，從征高麗有功，拜四蕃都詳穩。史稱其「篤學廉介，有經世志」，知其有漢學之研習。〔註44〕

25. 耶律庶成

皇族，季父房之後。字喜隱，小字陳六，興宗初補牌印郎君，累遷樞密直學士，後為妻所誣，因奪官放使吐蕃，道宗初知受誣，復歸還本官。庶成幼即好學，讀書過目不忘，善遼、漢文字，尤工於詩，作〈四時逸樂賦〉，製

防即為裹屨，可參看，見頁 203、204。

〔註41〕參見《遼史》，卷 87，〈蕭孝穆傳，並孝先、孝友附傳〉，頁 1331～1334。其族系見〈外戚表〉，卷 67，頁 1030、1031。聖宗欽哀后、興宗仁懿后，見〈后妃傳〉，頁 1203、1204。孝穆為興宗詩友事，見〈興宗紀一〉，頁 219。其〈諫南伐書〉及〈畫像發願記事碑〉見《全遼文》，卷 7，頁 144、145。

〔註42〕參見前註〈蕭孝穆傳〉附傳，卷 87，頁 1333。為興宗詩友，見前註，頁 219。

〔註43〕參見《遼史》，卷 87，〈蕭蒲奴傳〉，頁 1335。

〔註44〕參見《遼史》，卷 88，〈耶律瑤質傳〉，頁 1345。

文褒耶律屋質之功於上京崇孝寺。曾奉詔譯方脈書行於契丹諸部，偕蕭韓家奴撰《實錄》、《禮書》，並與蕭德修訂定令，史稱「庶成參酌古今，刊正訛誤，呈書以進，帝覽善之」。〔註45〕可知庶成長於文史之學，通醫學與禮學，並熟諳法律典章，為博學之通儒。

26. 耶律庶箴

皇族，耶律庶成之弟。字陳甫，興宗初為本族將軍，累遷至都林牙，曾上表乞廣本國姓氏，不聽。史稱其「善屬文」，當為文學之士；有寄其子蒲魯〈戒諭詩〉。〔註46〕

27. 耶律蒲魯

皇族，庶箴之子。字乃展，重熙年進士，以違制而奪其進士，授為牌印郎君，後轉為通進使。蒲魯既曾舉進士，知其當為漢學之儒士，曾應詔賦詩，立成以進，深受道宗嘉賞，以賦答其父〈誡諭詩〉，「眾稱其典雅」，知其文學造詣。蒲魯又能武事，善射，徇為文武雙全之才。〔註47〕

28. 耶律韓留

皇族，仲父隋國王之後。字速寧，聖宗時召為攝御院通進，平敵烈部有功，興宗時歷同知上京留守、奚六部禿里太尉，因性不苟合權貴，後為北面林牙。韓留明識篤行，舉止嚴重，工於詩，嘗進〈述懷詩〉於興宗，深受嘉嘆。〔註48〕

29. 耶律唐古

皇族，孟父房耶律屋質之庶子。字敵隱，聖宗時補小將軍，治邊有功，興宗時官隗衍党項部節度使。使稱其「廉謹，善屬文」，為文學之士。〔註49〕

30. 耶律良（白）

（皇族？）著帳郎君之後。字習撚，小字蘇，興宗時補寢殿小底，於道宗時奏皇叔重元父子之謀叛，亂平後，以功遷漢人行宮都部署，仕至中京留

〔註45〕參見《遼史》，卷89，〈耶律庶成傳〉，頁1349、1350。其製耶律屋質功績碑事，見卷91，〈耶律唐古傳〉，頁1362。
〔註46〕參見前註附傳，頁1350。〈戒諭詩〉見〈蒲魯附傳〉，頁1351。
〔註47〕參見前註〈蒲魯附傳〉。又契丹等北族有參加科學事，參見高福順，《遼朝科舉制度研究》（長春市，吉林大學博士論文，2008年）。
〔註48〕參見《遼史》，卷89，〈耶律韓留傳〉，頁1352。
〔註49〕參見《遼史》，卷91，〈耶律唐古傳〉，頁1362。

守。良早年讀書於醫巫閭山，復入南山肄業，博學有才，於興宗時修起居注，作〈秋遊賦〉以上。道宗時作〈捕魚賦〉，嘗奏請編道宗詩為《清寧集》，而道宗亦以良所作詩為《慶會集》，並親製序文，知其漢學之長在於詩賦而兼具史才。〔註50〕

31. 耶律陳家奴

皇族，懿祖弟葛剌八世孫，為六院郎君房。字綿辛，興宗時補牌印郎君，道宗初遷右夷离畢，後為烏古部節度使行軍都監。史稱其嘗於太后生辰時「進詩、獻馴鹿」，又「應制進詩」於道宗，知其能文學。〔註51〕

32. 蕭　德

楮特部人。字特末隱，聖宗時領牌印、直宿，累遷契丹行宮都部署，道宗時為南府宰相，平皇叔重元之亂，因功封漢王。蕭德「性和易，篤學好禮法」，「敷奏詳明」，嘗與耶律庶成修律令，為明習典禮律令之學者。〔註52〕

33. 蕭高八

楮特部人，南府宰相霞賴四世孫。聖宗時由北府承旨仕至南府宰相，後為夷离畢。高八為政以幹敏著稱，又「多智術，博覽古今」，有漢學之研習。〔註53〕

34. 蕭惟信

楮特部人，蕭高八之子。字耶寧，興宗時嘗為燕趙國王傅，道宗時平皇叔重元之亂有功，仕至北院樞密副使，以廷爭權臣耶律乙辛之廢太子事稱著。惟信性沈毅，「篤志于學，能辨論」，任燕趙王傅時「輔導以禮」，為儒學之士。《焚椒錄》載有惟信〈致張孝傑耶律乙辛書〉可見。〔註54〕

35. 蕭樂音奴

奚族，六部敵穩突呂不六世孫。字婆丹，性不樂仕進，興宗以其為名家

〔註50〕參見《遼史》，卷96，〈耶律良傳〉，頁1398、1399。耶律良於〈道宗紀〉中曾作耶律白，見〈校勘記〉（二），頁1404。耶律良族系不明，以「著帳郎君之後」，「讀書醫巫閭山」，推斷其人當為皇族系後人。

〔註51〕參見《遼史》，卷95，〈耶律陳家奴〉，頁1391。另參見〈皇族表〉，卷66，頁1014，然〈表〉中列陳家奴為葛剌九世孫，與〈傳〉所載八世孫有異。

〔註52〕參見《遼史》，卷96，〈蕭德傳〉，頁1400。

〔註53〕參見《遼史》，卷96，〈蕭惟信傳〉，頁1400、1401。

〔註54〕參見同前。其〈致張孝傑耶律乙辛書〉，見《全遼文》，卷9，頁212。

之後，又有時譽，乃任為舍利軍詳穩，後為護衛。道宗時參與平皇叔重元之亂，累官至五藩部節度使。史稱其「貌偉言辨，通遼、漢文字，善騎射擊鞠，所交皆一時名士」，為漢學研習者。〔註55〕

36. 耶律敵烈

皇族，六院部夷离堇蒲古只之後，耶律吼五世孫。字撒懶，興宗時補牌印郎君兼知起居注，道宗時平皇叔重元之亂有功，大康年間為南院大王，同知南京留守，大安中仕至節度使。為政有功績，史稱其「寬厚好學，工文詞」，為文學之士。〔註56〕

37. 蕭韓家奴

涅剌部人，中書令安搏之孫。字休堅，聖宗時典南京栗園，興宗時歷任彰愍宮使，翰林都林牙兼修國史等職，仕至歸德軍節度使。韓家奴為遼代著名學者，少好學，讀書於南山，博通經史、遼、漢文字，為興宗之詩友，君臣甚為相得，又能諫言規諷。立追冊先世玄、德二祖之禮，與耶律庶成、耶律谷欲錄遙輦可汗至當朝之事跡，及遼國上世事、諸帝實錄等。譯《通曆》、《貞觀政要》、《五代史》諸書，修國史，受詔修禮書。史載其「博考經籍，自天子達于庶人，情文制度可行於世，不繆于古者，譔成三卷」，又載其言天下治道之要，極有見地。韓家奴有《六義集》十二卷行於世。〔註57〕

38. 耶律谷欲

皇族，六院部人，節度使阿古只之子。字休堅，聖宗時為本部太保，仕至南院大王。谷欲「冲澹有禮法，工文章」，為興宗詩友，於治要多所匡建，參與蕭韓家奴等修遼朝先世及諸帝實錄。〔註58〕

39. 耶律劉家奴

皇族，孟父房耶律屋質之後。官至節度使，嘗命其子孟簡賦〈曉天星月

〔註55〕參見《遼史》，卷96，〈蕭樂音奴傳〉，頁1401、1402。

〔註56〕參見《遼史》，卷96，〈耶律敵烈傳〉，頁1402。

〔註57〕參見《遼史》，卷103，〈蕭韓家奴傳〉，頁1445～1450。載其為「中書令安搏之孫」，此安搏未知是否為耶律安搏。然《遼史》所載其為孟父房皇族之後，且未見其為「中書令」，見卷77，〈耶律安搏傳〉，頁1259～1261。又蕭韓家奴有〈張哥墓誌〉今可見於《全遼文》，卷7，頁147。

〔註58〕參見《遼史》，卷104，〈耶律谷欲傳〉，頁1457。

詩），〔註59〕知其有漢學之研習。

40. 耶律官奴

（皇族）林牙斡魯之孫，字奚隱，初為宿直將軍，不樂於仕，與蕭哇友善，居林下觴詠自樂，時人號為「二逸」。官奴「沈厚多學，詳於本朝世系」，〔註60〕知其有漢學之研習。

41. 耶律常哥

（皇族）太師適魯之妹。史稱其「幼爽秀，有成人風。及長，操行修潔，自誓不嫁。」曾於道宗時，作文述時政，得道宗稱善，耶律乙辛愛其才，屢求詩；常哥以回文諷之，與兄適魯謫居鎮州而卒。史稱其能作詩文，讀《通曆》，能品藻前人得失，〔註61〕為漢學研習具相當水準之女子。

42. 耶律純

族系不詳。據《全遼文》收有其〈星命總括自序〉，其文中言聖宗統和二年為翰林學士，以議地界事往高麗，由其國師習得「道德星命之學」，即此《星命總括》書，今於《四庫全書》中可見，此即由高麗所傳之漢學。〔註62〕

43. 耶律乙辛

皇族，五院部人。字胡覩袞，出身貧家，自幼慧黠，外和內狡，興宗時為文班吏，當知書能文。道宗時漸受重用，尤以平皇叔重元有功，遂位至使相，權傾朝野，主謀陷害宣懿皇后、昭懷太子。遼代政風腐壞而漸趨衰微即始於道宗之中晚期，而乙辛及其黨人時為重要之關鍵人物。其誣陷宣懿皇后以文字詩辭，應是熟諳漢學文字者，於遼史為〈姦臣傳〉人物。〔註63〕

〔註59〕參見前註，〈耶律孟簡傳〉，頁1456。其家族系見〈皇族表〉，卷66，頁1016。

〔註60〕參見《遼史》，卷106，〈耶律官奴傳〉，頁1468。史載云「上（興宗）以官奴屬尊，欲成其志，乃許自擇一路節度使」，知其當為皇族，然其祖斡魯有待考察。

〔註61〕參見《遼史》，卷107，〈耶律常哥傳〉，頁1472。其為太師適魯之妹，而《遼史》，此適魯為聖宗時人，曾為北院大王加檢校太師，但死於聖宗時期，當非常哥之兄，見卷81，〈耶律適魯傳〉，頁1283。常哥之兄適魯有待考察。

〔註62〕參見《全遼文》，卷5，頁92～94。並見其附錄，陳述對耶律純其書、其人之考察情形。

〔註63〕參見《遼史》，卷110，〈耶律乙辛傳〉，頁1483～1486。宣懿皇后因文字冤死事，參見姚從吾，〈遼道宗宣懿皇后十香詞冤獄的文化分析〉，《臺大文史哲學報》，第8期，民國47年。

44. 蕭袍魯

蘭陵蕭氏，遙輦尅奧幹之子。興宗時為近班侍衛出身，從征西夏有功，歷任刺史、節度使等官，道宗時仕至北府宰相。袍魯好談王霸，尤尚政刑之學，有比管、樂、孔明之壯圖，伊、周、王儉之志節，為漢學之士。〔註64〕

45. 蕭興言

蘭陵蕭氏，蕭海黎曾孫，蕭圖玉之孫，父恭為北宰相、燕京統軍使。道宗初以近衛出身，後以軍功仕為西北路招討使，三十萬都統軍。興言「善太一遁甲，六鏡三略，精通戒律，專究天文」，為研習漢學之將領。〔註65〕

46. 永寧郡主

皇族，即蕭興言之長妻，三韓郡王合祿（合滷、耶律宗範）之女；又稱骨浴公主。骨浴「好佛書，尚儒術，善詩什」，「賢淑聰敏，卓越當時」，知其有漢學之研習。〔註66〕

47. 蕭奧只

拔里少父房之族，蕭撻凜之子。奧只因父戰功補祗候郎君，後仕至北府宰相。其家門貴盛，能虛己接物，「汲引諸名士，時論賢之」，道宗初伴館宋使張昇，深受敬異，以為北朝儀表；知奧只當能漢學。〔註67〕

48. 耶律必攝

皇族，太宗庶子，據《談苑》所載為耶律某，其兄及兄子於宋太平興國中對宋戰爭歿於代郡，後耶律某經戰爭處，悲而作詩，有句云：「父子并隨龍陣歿，弟兄空望雁門悲」。此耶律某當研習漢學，能作詩。考此耶律某當為太宗五子，耶律必攝。〔註68〕

〔註64〕參見王師儒，〈蕭袍魯墓志銘〉，見向南前揭書，頁423～426。《全遼文》誤為「蕭裕魯」，見卷9，頁237。

〔註65〕參見趙臨，〈蕭興言墓志〉，蓋之庸前揭書，頁277～283。其曾祖蕭海黎見《遼史·蕭海黎傳》，卷78，頁1266，祖父圖玉見《遼史》，卷93，〈蕭圖玉傳〉，頁1378。

〔註66〕參見前註〈蕭興言墓志〉、〈蕭圖玉傳〉。

〔註67〕參見葉隆禮，《契丹國志》，頁142。宋使張昇為回謝契丹使，於仁宗嘉祐二年出使遼朝，見《續資治通鑑長編》（北京市，中華書局，2004年），卷185，頁4473。又可參見聶崇岐前揭書，頁372所列〈泛使表〉。

〔註68〕參見楊億，《楊文公談苑》，〈契丹耶律某詩〉條，收於《宋元筆記小說大觀》（上海市，上海古籍出版社，2001年），第一冊，頁557、558。察宋太平興

49. 蕭撻凜

國舅之族，蕭思溫之再從姪。字馱寧，景宗初以宿直官出身。聖宗時對宋、高麗、西夏等戰事頗立軍功，又對敵烈、阻卜等族之征討立有邊功，後為南京統軍使，因伐宋歿於澶淵。由於撻凜軍功之盛，聖宗「賜詩嘉賞，仍命林牙耶律昭作賦，以述其功」。〔註69〕此可知撻凜當曾研習漢文學，始能受詩、賦之賜。

50. 耶律仁先

皇族，仲父房之後，南府宰相耶律思忠（瑰引）之子。字糺鄰，小字查剌，興宗初補護衛出身，後曾與劉六符使宋議增幣交涉，參與伐夏之戰。道宗初為南院樞密使，發皇叔重元父子之謀，並平亂有功，為北院樞密，加于越，封遼王，與權臣耶律乙辛共事而不能容，出為南京留守，仕至西北路招討使。興宗時曾親宣制比仁先為「唐室之玄齡、如晦，忠節僅同」，又賜詩云：「自古賢臣耳所聞，今來良佐眼親見」，由是知仁先應有漢學之研習，故興宗得親宣制、賜詩。〔註70〕

國北伐，於山西之戰役記有戰歿之遼軍將領者，僅有雁門之戰「殺其駙馬侍中蕭咄李」此為蕭姓之將領，見《宋史》，卷4，〈太宗紀一〉，頁64，其時為太平興國五年，遼景宗乾亨二年，《遼史》中則未見，但記有前一年之白馬嶺之戰，此役遼將冀王敵烈及其子哇哥，耶律沙之子德里，突呂不部節度使都敏，黃皮室詳穩唐筈等等皆戰歿，見《遼史・景宗紀下》，頁101，《遼史・耶律沙傳》，頁1307。《宋史・太宗紀一》載太平興國四年三月，「郭進大破契丹於關南」，見頁61，所指即白馬嶺之戰。以《遼史》所載此役戰歿將領中冀王敵烈及其子哇哥頗合於《談苑》中之「耶律兄及兄之子」俱歿之事，考敵烈為遼太宗宮人蕭氏所生三子中之次子，見《遼史・皇子表》，卷64，所載冀王敵烈及其子哇哥，皆戰歿於白馬嶺之役，則耶律某應即指敵烈之弟耶律必攝，景宗將之封為越王者。必攝字箴董，穆宗時常以為侍從，曾進諫穆宗之濫殺，景宗時討黨項有功，見頁982～984。敵烈兄弟之封王另見《遼史・景宗紀上》，頁90。

〔註69〕參見《遼史》，卷85，〈蕭撻凜傳〉，頁1313、1314。
〔註70〕參見《遼史》，卷96，〈耶律仁先傳〉，頁1395～1397。另見趙孝儼，〈耶律仁先墓誌〉，向南前揭書，頁352～357。〈傳〉中所言仁先為「孟父房之後，父瑰引」，〈墓誌〉言其為「遠祖曰仲父述剌實魯于越，即第二橫帳，太祖皇帝之龍父也，父諱思忠，聖宗朝為宰相」，是以思忠即瑰引，而當為仲父房之後，又據〈耶律慶嗣墓誌〉，慶嗣為仁先之子，祖父為思忠，遠祖為于越述列（剌）實魯，見向南前揭書頁456～459。如此則《遼史》言「孟父房之後」當有誤，然〈皇族表〉載仁先於孟父房，又以瑰引為其祖父，見頁1017。據仁先父子墓志知《遼史》之〈傳〉、〈表〉應皆有誤。

51. 蕭無曲

國舅族，阿古只六世孫，蕭孝穆之子。史載重熙五年（1036年），興宗「幸后弟無曲第，曲水泛觴賦詩」，〔註71〕興宗能文好詩賦，泛觴賦詩為漢人士大夫傳統，蕭無曲當能賦詩，是為漢學研習者。且此種雅集亦絕非一、二人參與，當有些士大夫同聚，惜未能知其餘諸人。

52. 耶律頗德

族系不詳，史載聖宗時於統和元年「樞密請詔北府司徒頗德譯南京所進律文，從之」。〔註72〕是以頗德能通曉遼、漢文字，且通律法，乃得以譯述。

53. 耶律濬

小字耶律幹，道宗長子，即昭懷太子，為宣懿皇后所生，後追封為順宗。權臣耶律乙辛謀害宣懿皇后，又謀害太子，後耶律濬遭害於上京。史稱耶律濬「幼而能言，好學知書」，〔註73〕為漢學研習者。

54. 蕭孝恭

楮特部人，及前述蕭惟信之子。後仕為本部節度使、南府宰相。道宗時曾在宮中任起居注史官，除去「譯綴史冊添遼漢之風，定禮刪詩執投壺之刃」外，又通儒、道二家學說，律呂、象緯之學。總括來說，孝恭是「干戈弧失，善其武也；詩書禮樂，曉其文也」，為具有天份的漢學研習者。〔註74〕

55. 永清公主母蕭氏

永清公主父親名宗灛，為齊國王耶律隆裕（隆祐）之子，而齊國王為景宗第三子，即聖宗之弟，故宗灛是聖宗的侄子，其妻蕭氏為國舅小翁帳族，蕭氏父親為駙馬、同平章事蕭克忠之女。蕭氏出身國舅家世，善於文章，尤精於書法，是漢學研習者；惜其名不詳。〔註75〕

〔註71〕參見《遼史》，卷18，〈興宗紀一〉，頁217。興宗仁懿皇后為蕭孝穆之女，見《遼史》，卷71，〈后妃傳〉，頁1204，后弟蕭無曲當為孝穆之子，孝穆二子，一為北院樞密使阿剌，一為北院宣徽使撒八，見《遼史》，卷87，〈蕭孝穆傳〉，頁1333，阿剌見《遼史》，卷90，〈蕭阿剌傳〉，頁1355。然此二人傳記皆未見「無曲」之名，未知孰是？

〔註72〕參見《遼史》，卷10，〈聖宗紀一〉，頁110。

〔註73〕參見《遼史》，卷72，〈宗室傳〉，頁1215、1216。

〔註74〕參見陳芮〈蕭孝恭墓志〉，收於《內蒙古遼代石刻文》，頁250、251。

〔註75〕參見向南（等），《遼代石刻文續編》（瀋陽市，遼寧人民出版社，2010年），收錄〈永清公主墓志〉，見頁226～228。

遼代中期契丹族群人物於史可徵者有上述 55 人，其中為皇族身分者居多，接近六成，其次為國舅之族，約達 1/4，二族佔全部人數之八成，足見遼代政權核心集團之皇、舅二大部分為其時漢學之主要構成者。若加上遼代中期帝后們 6 人（4 帝 2 后）之漢學，則共為 61 人，其時漢學之研習，兩族遂佔去八成餘之比重，其情形與初期相似，即政治、社會居核心及高階層貴族為漢學研習最多之族群，或以其為顯貴階層較易習得漢學，機會較其他階層為多之故。然則帝王之研習及倡導宜有相當之助力，帝王對漢文化之態度主導其時之政策與風氣，中期帝王漢學大盛，自開展其時之風氣，影響及統治階層，導致契丹族群漢學之發展與興盛。加之朝臣之交往，漢族士大夫產生之催化推動作用，交相激盪，遂使漢學於契丹貴族中蔚成風氣，開中期漢學之大盛。

遼中期漢學大盛，較諸前期多出五倍餘，其實當不止此，所列漢學人物限於史有明文記載者，故相當有限。如中期帝王皆好文學，常宴遊賦詩，命群臣作詩賦以和，或集會命臣僚作詩等，然群臣之名鮮有記錄，未能得知者甚多。亦有極多之奏章書狀等，如《全遼文》所收者，雖署其名，但未必為其本人所作，抑或由語話所轉寫而成，則不能斷為其漢學作品。此外，尚有數人或可視為漢學研習者，列之如下，以供參考。

1. 耶律敵剌

遙輦鮮質可汗之子，字合魯隱。輔政太祖，太祖「命掌禮儀」，史亦稱其「頗好禮文」。〔註 76〕然所言之「掌禮儀」、「好禮文」，是契丹舊俗禮儀抑或漢制禮儀？則未敢斷言。以其世輩為遼初之時，其實恐未形成漢制禮儀，史載「太宗克晉，稍用漢禮」，〔註 77〕可知漢禮儀制應自太宗以後始行，抑或敵剌由漢人處習得其禮文？

2. 耶律世良

皇族，六部院人。小字幹；聖宗時為北院大王，時譽頗盛，定邊有功，仕至北院樞密。史稱其「練達國朝典故及世譜」，此當指契丹之典故、世譜，但未知是否為漢文所錄存者？〔註 78〕

〔註76〕參見《遼史》，卷 74，〈耶律敵剌傳〉，頁 1229。

〔註77〕見《遼史》，卷 49，〈禮志一〉，頁 833。

〔註78〕參見《遼史》，卷 94，〈耶律世良傳〉，頁 1385。

3. 耶律敵魯

皇族，五院部人，後隸宮分。字撒不椀，精於醫道，其「察形色即知病原，雖不診候，有十全功」，是以由觀察即可醫病，雖為漢醫中之「望」，但頗神奇。史載其醫治耶律斜軫妻之病，斷治為「當以意療」，以鉦鼓大擊於前，使其怒狂叫罵，力極而止，病遂愈，「治法多此類，人莫能測」。〔註79〕似乎有巫醫性質，然此醫道不知係契丹舊法或漢醫之術？或兼而有之？

4. 耶律乙不哥

皇族，六院部裏古直之後。字習撚，「幼好學，尤長於卜筮，不樂仕進」，史載其為人擇葬地，尋失鷹事，似有通靈預知之能，故稱「當時占候無不驗」。〔註80〕其好學與卜筮，不知所學為契丹之學？或得自漢學？

此外，史載道宗欲觀起居注，「修注郎不攎及忽突董等不從」此二人（等）為史官，但未知係以漢文記注或契丹文？〔註81〕

以上 6 人之學未能斷定是否為漢學，若皆以之為得自漢學，則初期漢學多出敵剌。中期漢學增加 5 人，成為 66 人。

四、晚期漢學

遼道宗大康年（1075 年）以後至於天祚保大五年（1125 年），其間五十年為遼代之晚期。道宗重用耶律乙辛，至於名臣耶律仁先受排忌，遼政遂衰，其後道宗雖有警悟，逐出乙辛，但政風已壞。皇孫天祚帝養於宮中，寵護有加，造成驕縱識淺之徒。史稱道宗之政衰為：

> 及夫謗訕之令既引，告訐之賞日重。群邪並興，讒巧競進，賊及
> 骨肉，皇基寖危。眾正淪胥，諸部反側；甲兵之用無寧歲矣！〔註82〕

至於天祚帝之為政，其廿五年間政風未改善，加之用人不當，領導無望，強鄰興起則無以應付。史論曰：

> 降臻天祚，既丁末運，又觖人望，崇信姦回，自椓國本，群
> 下離心，金兵一集，內難先作，廢立之謀，叛亡之迹，相繼蠹起。
> 〔註83〕

〔註79〕參見《遼史》，卷108，〈耶律敵魯傳〉，頁1477。
〔註80〕參見《遼史》，卷108，〈耶律乙不哥傳〉，頁1477。
〔註81〕參見《遼史》，卷23，〈道宗紀三〉，頁278。
〔註82〕見《遼史》，卷26，〈道宗紀六，贊曰〉，頁314。
〔註83〕見《遼史》，卷30，〈天祚帝紀四，贊曰〉，頁359。

天祚所丁之末運，乃道宗後期之政衰，既未大加整頓，以苟安度日，及天祚即位，自不易振奮朝政，至於土崩瓦解，不可復支矣！

道宗好漢學，既教養皇孫，天祚當受漢學之研習，漢學風氣未嘗改變，此文化態度與風氣實繼中期之餘緒。但自天慶二年（1112 年）完顏阿骨打起兵，先併旁近部族，四年，女真大敗遼軍於寧江州、出河店以後，〔註84〕國事紛擾，兵燹不息，史書記載多軍國之事，甚少相關於漢學之跡，故所得之資料亦有其局限，其情形如下：

1. 耶律敖廬斡

皇族，天祚帝長子，封晉王。晉王有人望，天下歸心，其母文妃與舅余覩密謀立之，事發後余覩降金，文妃賜死。次年又有撒八等謀立未成，天祚即縊殺晉王。晉王於宮中嘗見佣僕讀書，因取而觀之，宮中禁止讀書，晉王為之掩飾，「一時號稱長者」，由是知晉王亦曾受過漢學之研習。〔註85〕

2. 耶律孟簡

皇族，孟父房耶律屋質五世孫。道宗大康初忤權臣耶律乙辛，摘流地方。大康中得歸，奏修國史為史局編修。天祚初為六院部太保，仕至昭德節度使。孟簡為遼代晚期史家，復長於詩文，當昭懷太子遭害時，作〈放懷詩〉二十首並序，其序文載於《遼史》傳中。曾編耶律曷魯、屋質、休哥三人行事，值史局時謂史官言：

> 史筆天下之大信，一言當否，百世從之。苟無明識，好惡徇情，
>
> 則禍不測。故左氏、司馬遷、范曄俱罹殃禍，可不慎歟！

秉筆正信之言甚是，然左氏等罹禍實與作史無關，此或循韓愈之說。孟簡處事不拘文法，為官地方時，「修學校，招生徒」，有興學重教之舉。〔註86〕

3. 耶律劭

族系未明。於天祚帝乾統八年（1108）時任知安德州軍州事，作〈興中府安德州創建靈巖寺碑銘〉，可為漢學之研習者。〔註87〕

〔註84〕參見《遼史》，卷 27，〈天祚帝紀一〉，頁 326，阿骨打起兵於天慶二年九月。寧江州之戰於天慶四年七月，見頁 328，出河店之戰於十月，見頁 328、329。

〔註85〕參見《遼史》，卷 72，〈敖廬斡傳〉，頁 1216、1217。

〔註86〕參見《遼史》，卷 104，〈耶律孟簡傳〉，頁 1456、1457。傳中言其為耶律屋質五世孫，然於〈皇族表〉中，列之為屋質四世孫，見卷 66，頁 1016。

〔註87〕參見《全遼文》，卷 10，頁 295、296。

4. 耶律固

族系未明。道宗大康年間與王師儒共為燕王（天祚帝）傅，及道宗崩，天祚問禮於固，其時固為總知翰林院事。其學識淵博，精遼、漢文字，道宗、宣懿后哀冊，〈故耶律氏銘石〉，均為固所作。遼亡後入金，主修遼史，其後蕭永祺續修之，故金代所修之遼史，實始於固之手。〔註88〕

5. 耶律淳

皇族，興宗第四孫，宋魏王和魯斡之子。小字涅里，天祚帝時封王為南京留守。保大二年（1122 年）天祚受金兵追擊而西走夾山，奚王與宗室、大臣等擁立淳為天錫帝，史稱為「北遼」。後以局勢日壞，欲稱臣於金，病亡。史稱其幼養於宮中，「既長，篤好文學」，又曾議制兩府（南、北宰相）禮儀等，皆可見淳之漢學研習。〔註89〕

6. 耶律大石

皇族，太祖八代孫。字重德，為天慶五年（1115 年）進士及第，後為節度使，參與擁立北遼天錫帝。當局勢紛亂之時，大石領軍北走，西越回鶻，沿路召集兵馬至於西域，遂於中亞立國，史稱為「西遼」，漢號天祐皇帝，改元延慶。大石通遼、漢文字，得以進士及第，又擢為翰林應奉、承旨等，契丹以翰林為林牙，故稱「大石林牙」。〔註90〕

7. 耶律思齊

族系不明。道宗末壽昌三年（1097 年）為御史中丞出使高麗。思齊有書三篇，其中有言及「鮮演大師撰集章疏」，雕印佛典、讀校等事，知其有漢學之研習。〔註91〕

8. 蕭陽阿

族系不明。字稍隱，本班郎君出身，歷任詳穩、節度使，仕至權南京留守。陽阿「識遼、漢字，通天文、相法」，是為漢學之研習者。〔註92〕

〔註88〕參見《全遼文》，〈索引〉，頁 407。

〔註89〕參見《遼史》，卷 30，〈天祚帝紀四〉，頁 352、353。

〔註90〕參見前註，頁 355～358。

〔註91〕參見閻鳳梧（等），《全遼金文》（太原市，山西古籍出版社，2002 年），上冊，頁 552、553。

〔註92〕參見《遼史》，卷 82，〈耶律阿傳〉，頁 1293、1294。

9. 蕭鐸盧斡

皇族，五院部人，字撒板，為蕭約質之子，蕭迂魯之弟。道宗時，給事北院知聖旨事出仕，大康年為耶律乙辛摘戍西北，又坐皇太子事，禁錮終身，後歸鄉里，屏居謝事。鐸盧斡自幼警悟，「好學，善屬文，有才幹」，晚年閒居，臨流聞雉鳴，「三復孔子時哉語，作古詩三章見志」，為當時名士稱情高雅，不減古人之風。〔註93〕

10. 蕭 文

國舅之族，蕭善直之子。字國華，道宗末歷任節度使，國舅都監，後為西南面安撫使，仕至唐古部節度使。史稱其「篤志力學」，蒞官地方時「務農桑，崇禮教，民皆化之」，是為漢學研習並有倡導禮教之功。〔註94〕

11. 蕭蒲離不

國舅之族，阿古只之後，蕭惠四世孫。字樧懶，性孝悌，不應召入仕，遊於山水之間，晚年謝事卜居，潛心佛書，與有道者談論。蒲離不少年力學，「於文藝無不精」，是文學、佛典並長之士。〔註95〕

12. 蕭樧蘭

國舅之族，阿古只之後，蕭惠四世孫女，與蒲離不當為兄妹或姊弟輩。樧蘭為耶律中之妻，值遼末亂局，耶律中抗金而死，樧蘭承其夫之允諾，亦自殺身亡。樧蘭常受其夫所言：「汝可粗知書，以前貞淑為鑑」，遂得「發心誦習，多涉古今」，可知其夫耶律中必研習漢學，而樧蘭亦誦習書史。〔註96〕

13. 耶律中

見上。

14. 耶律石柳

皇族，六院部人，南院大王獨攧之孫，統軍副使安十之子。字酬宛，性剛直，有經世志。道宗時耶律乙辛當權，石柳甚惡之，乙辛以其為太子黨而

〔註93〕參見《遼史》，卷93，〈蕭迂魯傳，附鐸盧斡傳〉，頁1377。
〔註94〕參見《遼史》，卷105，〈蕭文傳〉，頁1461。
〔註95〕參見《遼史》，卷106，〈蕭蒲離不傳〉，頁1468。〈外戚表〉中列兀古匿為蒲離不之父，見卷67，頁1030，然於〈傳〉中，謂兀古匿為其祖父，故〈表〉、〈傳〉有異。
〔註96〕參見《遼史》，卷107，〈耶律中妻蕭氏傳〉，頁1474。

流之鎮州。天祚即位後召還為御史中丞，時整治乙辛黨人，石柳上書，其文中有「昔唐德宗因亂失母，思慕悲傷，孝道益著。周公誅飛廉、惡來，天下大悅」，引經史論事，可知其漢學之研習。〔註97〕

15. 耶律斡特剌

皇族，德祖之子、太祖之弟寅底石之六世孫。字乙辛隱，少不喜仕進，後始補本班郎君，道宗大安年間為燕王傅，因邊功仕至北院樞密。史載道宗嘗賜詩褒揚，則斡特剌當知漢學。〔註98〕

16. 耶律雅里

字撒鸞，天祚帝次子，封梁王。遼末天祚帝出奔，梁王雅里為部僚立為神曆帝，後病死。史稱雅里性寬大，常取《貞觀政要》及聖宗時漢學者耶律資忠（見前述）所作《治國詩》，令侍從讀之，可知雅里有其漢學研習。〔註99〕

17. 蕭　瑩

又名善光，出於述律氏，曾祖父為蕭孝穆，父親為蕭德恭。蕭瑩幼年曾出家，後奉旨還俗，但多未出仕任官，終為駙馬、始平軍節度使。他雖出於名門貴富家世，但「好書史百家之言」，並有專精之學，是漢學研習者。〔註100〕

遼代晚期漢學得知有上述17人，其中約半數為皇族，國舅族為4人，有5人族系不明，其情形仍與前二期相似，即皇、舅二族為漢學研習之重心所在。若加上帝后之漢學，有天祚帝與文妃二人，則晚期漢學人物至少達19人。另有下列數人，與漢學之研習有關，但未能斷定，可供參考。

1. 耶律大悲奴

王子班聶里古之後，字休堅，天祚帝時仕至上京留守，節度使。史稱其「舉止訓雅，好禮儀，為時人所稱」。其所好禮儀或為漢學禮儀。〔註101〕

〔註97〕參見《遼史》，卷99，〈耶律石柳傳〉，頁1423、1424。
〔註98〕參見《遼史》，卷97，〈斡特剌傳〉，頁1407、1408。
〔註99〕參見《遼史》，卷30，〈天祚紀四〉，頁353、354。
〔註100〕參見前揭《遼代石刻文續編》，〈蕭瑩墓志〉，頁241、242。此碑為殘石，錄文不全。並參見該文註釋。
〔註101〕參見《遼史》，卷95，〈耶律大悲奴傳〉，頁1393。

2. 蕭　義

國舅之族，太祖姑表弟迪烈寧（蕭敵魯）之後，蕭宗石之三子。字子常，為道宗扈從，天祚帝時為國舅詳穩，與北院樞密耶律撒巴寧負責山陵葬禮，又與越王皇叔耶律淳負責帝山之禮，至於「臨軒備冊，庭執號寶，公獨與焉」，所謂「一代之盛事，皆出公右」，可知蕭義有知典故譜禮儀之學，此或為漢學典禮。〔註102〕

另補充三人如下：

1. 鄭　恪

據李謙貞〈鄭恪墓誌銘并序〉〔註103〕知其為白霫人，父親未出仕，但祖父、曾祖任官為觀察使、刺史。恪於道宗初舉進士，應為中期漢學者。又其子二人皆為進士業的漢學者，列之如下，皆可列為晚期漢學者。

2. 鄭企望

3. 鄭企榮

五、結語──契丹漢學之分析

遼代契丹族群之漢學以三期分述如上，其全面之情形列表以供參考及分析，表中「族系」明其身，「研習」為一般漢學但未明載其所學之專長者，「專長」並「作品」欄，分四部之學與醫、藝等部分，經部為傳統五經之學或儒學，史部為修史、紀傳類，子部為諸子包括佛老學、星命、卜算、天文之學，集部為詩賦文章之屬，另立醫學類，書、畫、音律之類。有作品記載者於欄內以括弧記錄之，記數以類別而計，並非以作品之件（種）數計算。總數分別記人數、比率。

〔註102〕參見孟初，〈蕭義墓誌銘〉，《全遼文》，卷9，頁249～251。墓銘中言其先迪烈寧為太祖姑表弟，應天皇后之長兄，又言「初置北相，首居其位」，此與《遼史・蕭敵魯》所載相合，史載敵魯字敵輦，「其母為德祖女弟，而淳欽皇后又其女兄也」，是敵輦即迪烈寧之另譯。見卷73，頁1222、1223。

〔註103〕參見《全遼文》，卷9，頁236、237。

遼代契丹族群漢學表

期別	族系					專長（作品）							
	皇族	舅族	其他	不明	總計	研習	經	史	子	集	醫	藝	總計
初	12 80	2 13.3	1 6.7	0	15 15.3	11	1	0	1	2（2）	2（1）	1（1）	18,16.1（4）10
中	35 56.5	14 22.6	9 14.5	4 6.5	62 63.3	20	9（3）	7（4）	3（1）	31（17）	1（1）	5（3）	76,65.5（29）72.5
晚	9 42.7	5 23.8	2 9.5	5 23.8	21 21.4	10	1	2（2）	1	8（5）	0	0	22,19（7）17.5
總數	56 57.1	21 21.4	12 12.2	9 9.2	98 100	41 35.3	11（3）9.5	9（6）7.8	5（1）4.3	41（24）35.3	3（2）2.6	6（4）5.2	116,100（40）100

　　由表中及上文中所述，看出遼代契丹族群之漢學人數共 98 人，以族系而言，皇族佔全部人數之六成，舅族佔兩成餘，合計為八成餘；而在族系不明中，或亦有皇族之系。三期之皇族在各期中所佔之比率，初期為八成，中期為近六成，晚期為近五成，即皇族在每期皆為近半數或半數以上。舅族為初期之一成餘，中期之二成餘，晚期之二成餘，為略盛於其他族系者。在族系中明顯可看出，遼代漢學於契丹族群中，幾乎絕大部分為皇、舅族系，其他族系甚少，而皇、舅二族系亦正是契丹政權之核心，朝廷權力之中心所在，說明政權核心易於接觸漢學，對不同文化較易於產生興趣，而其本身亦較具有研習之條件與環境。

　　漢學之內容因史料所限，無法得見全貌，亦無能就其作品加以分析，除極少數作品得見而略知其梗概，如《全遼文》及《全遼金文》等所收之有限詩文，且其中詔令疏狀等恐皆非本人之所作，故所知漢學具體內容幾乎難以探討。就史載所知之形式上漢學情形，有僅知其曾研習漢學者，有可知其專長之學者，有作品著述者，其中亦有博學多藝能者，則於專長中或兼長於二、三類漢學，故少數有所重覆；因之，於研習及專長中計數應高（多）於人數之計數。在漢學專長中以集部詩文類佔最多數，達三成半餘，其次為知其有漢學研習者，佔三成餘，經、史類皆佔將近一成左右；其他各類皆甚少。三期之漢學與其學者人數適成正比，即人數上以中期最多，佔遼代三期之六成

餘，其次為晚期，僅達到二成，初期最少，而漢學之表現亦以中期最高，佔六成半略多，其次為晚期，佔一成七餘，初期又略少於晚期，佔一成六餘。在作品方面，情形相同，以中期最多，佔全部之七成餘，晚期其次，近一成八左右，初期則僅佔一成。由上可知，不論漢學人物，漢學研習之專長，漢學之作品皆呈現一致之情況，即中期最高，晚其次之，初期最低。此或可說明遼初始接觸漢學，逐漸醞釀至中期，朝野風氣大開，造成漢學大盛之局，至晚期雖仍承其餘緒，但已隨國勢之頹衰，兵火之擾攘，終至微而亡。

契丹族群之漢學當不只此，可知之98人外，若加上未能推斷作為參考之數人，另有於書畫史籍所載胡瓖父子，蕭瀜等人，〔註104〕則所得亦不過百餘人（107）而已。在廣義之漢學而言，尚有為數不少之契丹族群應有漢學之研習，如遼代之「林牙」，其職即如翰林學士，責任此職者應通遼、漢文字。如史官之置，文中曾舉不攊、忽突董二人，而遼代史官應為數不少，則史官記事宜通遼、漢語文，且有文史之專長。至於《遼史·列傳》中所載，諸多契丹族群人物皆有漢名、漢字，其本人應曾受習漢學始為適情合理，若再加之士大夫官僚間與漢人之交往，佛教之信仰等，恐怕學習漢語文應於契丹族群官僚中頗為普遍；即以廣義漢學而言，此種推論應屬合理。再如北宋末、南宋初的江少虞，他所知遼朝的情況是：「藩漢官子孫，有秀茂者，必令學中國書篆，習讀經史。自與朝廷通好以來，歲選人才，尤異聰敏知文史者，以備南使，故中朝聲教皆略知梗概。」〔註105〕說明遼代的北族及漢人官僚子孫，選為受教學習的機會較多，而且是政策性的培養人才，雖說是目的在於對宋朝的外交，但的確使遼朝的北族有受漢學的機會。

〔註104〕參見陳高華，《宋遼金畫家史料》（北京市，文物出版社，1984年），頁789～794，收有胡瓖、胡虔父子，以其為契丹人。另見周岩，《中國宋遼金夏藝術史》（北京市，人民出版社，1994年），列有胡瓖父子，另列有遼之貴族蕭瀜，見頁105、106。然二書所載，未敢確認，故本文未正式收入，僅供參考。又蕭瀜在《佩文齋書畫譜》（《文淵閣四庫全書》）中，引《繪事備考》，以為他是遼朝貴族，官至「南院樞密使政」，有漢學、書畫皆佳，喜收購宋人名蹟，遼興宗賜給他東丹王所畫「千角鹿圖」。見卷52，頁60下。據此，似可將之列入漢學研習並為藝術家。又遼朝有南、北院樞密使、副等官，但無「使政」官，當有訛誤。

〔註105〕參見江少虞，《宋朝事實類苑》（臺北市，源流文化事業公司，民國71年），卷77，頁1016。

第四篇　金代帝后之漢學

一、前　言

　　由十至十四世紀大約有五百年之近古時期歷史，除漢族建立之宋朝外，其餘遼、金、元三朝皆由北族所建立。契丹族之遼朝立國於塞外但統有燕雲地區之漢地、漢人，與北宋對峙。女真族繼遼朝之後更進入淮河以北之漢地，與南宋對峙。至蒙元興起，滅金與南宋而統一中國。由北族建立之遼、金、元與後來滿族之清朝，被稱之為「征服王朝」；「征服王朝」分別統治有或多或少之漢地、漢人，自然亦接觸及漢文化。北族本身之文化與漢文化間之關係，因而成為近古史上之重要問題。

　　討論歷史上北族或「征服王朝」與漢文化之關係，可由多種角度及方法形成不同之論題來探討，筆者就「漢學」之角度作〈遼代帝后之漢學〉、〈遼代契丹族群之漢學〉二文（見前二章），略就漢學之研究及成果論述遼代北族與漢文化之關係，今依例續作金代北族之漢學情形；至於元代則已有陳垣、蕭啟慶之大作啟之於前。〔註1〕

　　女真雖與契丹、蒙古等同泛稱為北族（北方民族），但仍有所差異，女真族生聚於塞外東北之地，卻非以游牧為主之民族，而以漁獵、農耕、定居、養豬等類似華北農村之生活，故論女真與漢文化之關係或言其漢化之背景時，此則為首先需注意之處。其次，因歷史關係，長期受遼、宋文化之影響。其

〔註1〕參見陳垣，〈元西域人華化考〉，收於《元史研究》（臺北市，九思出版社，民國66年）。蕭啟慶，〈元代蒙古人的漢學〉，收於《蒙元史新研》（臺北市，允晨文化公司，民國83年），頁95～216。

三，為進入華北即用漢制治理。其四，為漢化在金初已然超過遼、元二朝。〔註2〕故女真族較早接受漢文化，亦較全面且制度化地採用漢法、漢制，則於漢學方面似應當較遼、元二朝更為深廣，其實際情形於一般論述金代文化、女真漢化等，多少兼或言及，但整體觀察金代女真或北族之漢文化於漢學方面之狀況則尚未見及。筆者以為可先由金朝最高統治者之帝王及后妃著手，其本身對漢學之態度及學習，當能影響其時代之漢學風氣。

二、金初漢學之啟蒙

金代享國近一百二十年，本文分之為三期，初期由太祖建元收國，歷太宗至熙宗皇統末（1115～1149），其間約三十五年，此初期為金興滅遼及北宋，全在征戰擴張與國家形成定位之時，亦是全面接觸漢人與漢文化之時，同時又為熙宗新制用漢法確立之時期。中期為海陵王歷世宗至章宗時（1150～1208），其間約六十年，此時期為全盤漢化及國力鼎盛之時，其間又有世宗之「本土運動」發生。晚期為衛紹王歷宣、哀二帝至末帝亡國止（1209～1234），其間約二十六年，此時期為蒙古興起立國及南進攻金之時，時局產生重大的變化，雖有「貞祐南渡」於汴京，但終不免由衰而亡。

金初興起時與漢文化之關係不易見具體且明確之資料。以《金史》所載，女真出於黑水靺鞨，初附於高麗，後附於渤海，高麗、渤海皆為漢文化所及之地，於唐代時即深染漢化。契丹取渤海後，女真即附於遼，「其在南者籍契丹，號熟女真；其在北者不在契丹籍，號生女真」。〔註3〕女真與高麗、渤海、契丹之長期接觸，不免亦接觸及漢文化，而漢文化中之漢學，首要之條件即需先學懂漢語文，否則無法言漢學。女真先世及金初興時尚未見有關此方面之資料，實難以言其漢學。

（一）太祖完顏阿骨打

漢名旻，未知其漢語文及漢學之情形。1115 年即皇帝位，國號大金，改元收國，具有漢式政權立國之初規，大抵為渤海人楊璞（朴）所建議。此外，遼系漢人如韓企先、劉彥宗之流，皆為太祖時期接觸之漢人，大約漢式制度規章等應為此輩所建立。及後太宗滅北宋，更有大批漢士大夫納入金初政權

〔註 2〕參見陶晉生，〈金代初期女真的漢化〉，《文史哲學報》（臺北市，臺灣大學文學院，民國 57 年），第 17 期，頁 31～68。
〔註 3〕見《金史》（北京市，中華書局，1992 年），卷 1，〈世紀〉，頁 1、2。

之中，亦有大量漢文化為金廷快速吸收，造成金初即有全面漢化之趨勢。〔註4〕太祖初興時當由楊璞等處取得漢文化之知識，除用其謀議並用於行政外，亦有具體之行動，如天輔二年（1118）詔書：

> 國書詔令，宜選善屬文者為之。其令所在訪求博學雄才之士，
> 敦遣赴闕。〔註5〕

此詔書應包括遼、漢文字及漢、遼士人。赴闕往上京，則有不少士人往其時之中央朝廷，亦奠定其後太宗及其他宗室、貴族於上京接觸及漢士大夫之基礎。天輔五年詔書：

> 若克中京，所得禮樂儀仗圖書文籍，並先次津發赴闕。〔註6〕

遼中京為聖宗時新建之京城，為遼代後期與南方宋朝爭勝比美之核心地區，〔註7〕故而金太祖極重視其地之典章文物，以漢文化為主體之意識似乎在上面兩道詔書中可略窺端倪。

　　太祖用楊璞之議立國建元，又「令韓企先訓字，以王為姓，以旻為名」，〔註8〕是以用漢姓、漢名當始於此，雖此後帝王仍以完顏為姓，但皆有漢名，而女真人改完顏為王姓者亦有所在，其他女真人改易各種漢姓甚多，雖朝廷禁令似未必有效，可見漢文化之浸染頗深。〔註9〕

（二）太宗完顏吳乞買

　　漢名晟，同樣未能確知其漢語文及漢學之情形。太宗因「太祖征伐，常居守」，〔註10〕而前文中已言及，遼、漢士人與典章文物多集中於上京，故太宗接觸較多。金初上京為漢文化薈萃所在，渤海、遼、宋漢文化或漢族士人、

〔註4〕關於金初漢人與漢文化大量且迅速進入金朝廷等，參見陶晉生前揭文。另見陳昭揚，《金初漢族士人的政治參與》（臺中市，中興大學歷史系碩士論文，民國87年）。但太祖本人似乎漢語文並不熟諳，在與趙良嗣議約結盟宋朝時，仍用譯者來作翻譯。參見徐夢莘，《三朝北盟會編》（臺北市，大化書局，民國68年），甲集，〈政宣上帙四〉，頁32，〈政宣上帙十三〉，頁121。

〔註5〕見《金史》，卷2，〈太祖紀〉，頁32。

〔註6〕見前註〈太祖紀〉，頁36。

〔註7〕參見陳述，《契丹史論証稿》，收於《遼史彙編》（臺北市，鼎文書局，民國62年），第七冊，頁70～36至70～39。

〔註8〕見徐夢莘，《三朝北盟會編》（臺北市，大化書局，民國68年），甲集，〈政宣上帙三〉，頁29。

〔註9〕女真人改易漢姓，參見陳述，《女真漢姓考》，卷1，〈改易漢姓的女真人〉，收於《金史拾補五種》（北京市，科學出版社，1960年），頁156～169。

〔註10〕見《金史》，卷3，〈太宗紀〉，頁47。

專業技術人員等集中之地，各種文物圖集匯聚之所，為代表漢文化精華、高水準菁英之場域。〔註11〕太宗之上京影響及其後滅北宋受漢文化之影響，得遼、宋漢人之助，已展開漢式制度之建立。《金史》論太宗言：

> 既滅遼舉宋，即議禮制度，治曆明時，續以武功，述以文事，經國規摹，至是始定。〔註12〕

所採為遼、宋制度，又以漢文化為多，如天會元年（1123）已開詞賦進士之先，五年又詔「開貢舉取士，其南北進士，各以所業試之」。〔註13〕同年，以楊級造《大明曆》。〔註14〕前此二年，以漢法上太祖廟號、尊諡，而宗廟制亦起於太宗初即位時。〔註15〕天會七年，「詔頒新格，具載學宮」，〔註16〕廟學定制亦始於此時。所謂「議禮制度」、「述以文事」，大約即如上之具體情勢；太宗可謂為漢學之倡行者，此則與太祖相同而猶有過之。

（三）熙宗完顏合剌

漢名亶，為漢學之研習者亦為漢學之倡行者，金代漢化之穩定基礎即在此時期。對於其時用漢法漢制諸事記載頗多，如親祀孔廟，開科取士、立經童科，定外國使朝儀，發展宗廟制，定制修史、禮儀服飾等，此皆為採漢文化定為國家制度者，不再多述。正如《金史》所論：「其繼體守文之治，有足觀者」。〔註17〕

舉凡行漢法漢制者，自熙宗以下諸帝無不有之，或因革損益，或創制增新，皆充分可見各朝與漢文化之關係。由於漢學為漢文化之一部分，兩者相連而關係密切，如科舉制度為漢文化之特色，而科舉之內容又為漢學之內涵，因之，推行漢文化往往亦可謂是倡行漢學，由是金代各帝皆可言於倡行漢學上有其一定之意義。

〔註11〕參見陶晉生，《女真史論》（臺北市，食貨月刊出版社，民國70年），〈上京的中國影響〉，頁30～34。

〔註12〕見卷3，〈太宗紀〉，頁66。

〔註13〕見前註，頁57。詞賦進士之開創，見卷51，〈選舉志一〉，頁1134。

〔註14〕見《金史》，卷21，〈曆志上〉，頁441。

〔註15〕上太祖廟號、尊諡見《金史》，卷33，〈禮志五〉，頁773。宗廟之起，見卷30，〈禮志三〉，頁727。又據宇文懋昭，《大金國志》（臺北市，臺灣商務印書館，民國57年）所載，金之陵廟制度為漢人大臣所啟發，見卷33，頁247。

〔註16〕見張億，〈創建文廟學校碑〉，張金吾，《金文最》（臺北市，成文出版社，民國56年），卷33，頁1上。

〔註17〕見卷4，〈熙宗本紀〉，頁87。

　　熙宗倡行漢學而又為漢學之研習者，如其與翰林學士韓昉之論史，言唐太宗與周成王，不但見其熟諳史事，亦可知其見識與所欲效法之君王，閱《貞觀政要》而規法君臣議論。〔註18〕對孔子親祭而景仰，「自是頗讀《尚書》、《論語》及《五代》、《遼史》諸書，或以夜繼焉」，〔註19〕發憤勤讀經史，又讀《春秋左氏傳》及諸史，《通曆》、《唐律》等。〔註20〕研習漢學頗廣，又能詩文，通覽侍臣進詩。〔註21〕其漢學具有相當根底，以聰達之資，「貫綜經業，喜文辭威儀，……所與遊處，盡文墨之士」〔註22〕好漢文化自然喜與漢士來往，而其漢化之習染與行漢法漢制被認為是受漢士之影響，《金節要》中記載說：

> 得燕人韓昉及中國儒士教之，其亶（熙宗）之學也，雖不能明經博古，而稍解詩賦翰墨，雅歌儒服，分茶焚香，奕棋戰象，徒失女真之本態耳。由是與舊功大臣君臣之道殊不相合，渠視舊功大臣則曰：無知夷狄也。舊功大臣視渠則曰：宛然一漢家少子也。……又自僭位以來，左右諸儒，日進諂諛，教以宮室之壯，服御之美，妃嬪之盛，燕樂之侈，乘輿之貴，禁衛之嚴，禮義之尊，府庫之限，以盡中國為君之道。〔註23〕

熙宗應不至於「不能明經博古」而已，應有相當經史水準，「稍解賦詩翰墨」則可惜未見其詩文作品，難以印證。總之，熙宗對漢文化極為欽慕，亦有漢學研習之相當程度，直如漢家天子一般。

三、金代中期諸帝之漢學

　　金熙宗皇統二年（1142）與南宋議和確立，南、北二朝國勢底定。金代漢化之基礎於穩定中發展，其距太祖建國尚不足卅年，漢文化在金朝已然可觀，其後七、八年間仍行漢法漢制，雖然熙宗被刺殺，但此漢化之推行由後繼之海陵王賡續未斷，金初之基礎遂開啟中期以後之興盛。

〔註18〕見前註，頁 74。
〔註19〕見前註，頁 77。
〔註20〕參見《金史》，卷 105，〈孔璠傳〉，頁 2311。
〔註21〕參見前揭〈熙宗本紀〉，頁 87。
〔註22〕見《大金國志》，卷 9，〈熙宗孝成皇帝一〉，頁 77。
〔註23〕見張匯，《金節要》，收於李澍田，《金史輯佚》（長春市，吉林文史出版社，1990 年），頁 60。又見於《大金國志》所採，卷 12，頁 102。

（一）海陵帝完顏迪古乃

漢名亮，為力倡漢文化且在漢學上有所表現之帝王。海陵帝繼前期熙宗之基礎推行漢法，又遷都入漢地燕京，以華北人文薈萃之所在為國都，其意向已明。海陵為宗幹之子，熙宗則養於宗幹之家，宗幹則在金初漢文化聚集所在之上京，此種家庭背景促成兩朝帝王之傾染漢文化應值得注意；海陵更進而主「全盤漢化」，更說明金初至中期持續接受漢文化之進展。〔註24〕

《金史》對海陵之評價極為負面，以其南伐攻宋而死於軍前，是戾氣惡終的無道之君，但史書亦言其「智足以拒諫，言足以飾非」，〔註25〕是聰明智巧無疑。《金史》中對其漢學有少許記錄，而於其他資料中亦有可見，如金末人劉祁言：

> 至海陵庶人，雖淫暴自強，然英銳有大志，定官制、律令皆可
> 觀，又擢用人才，將混一天下，功雖不成，其強至矣！〔註26〕

對海陵並未完全否定，又言其：「讀書有文才」，並舉例海陵詩作數句。〔註27〕南宋人張棣言海陵帝「粗通經史」，〔註28〕又言其：「漸染中國之風，頗有意於書史」。海陵於讀《晉書・苻堅傳》時，以苻堅之雄偉而嘆未能列入帝紀，又讀《魯語》而憤夷狄之有君之說。〔註29〕在《大金國志》有多處記載海陵之好學知書，奕棋點茶，延接儒生，讀經史閱而不忘，與臣僚燕飲賦詩，熟諳宋人之詞曲等等。〔註30〕書中並總結言：

> 海陵少而知書，既長彌自矯飾，府庫資財無所愛，當世稱
> 賢。……一咏一吟，冠絕當時，沈深嚴重，莫測其志。〔註31〕

海陵帝時諫議大夫楊伯雄入直禁中，因海陵子宿王矧思阿補養於宮外而早夭，楊伯雄諫以未養於宮中之故，海陵帝怒而責之，其間引《書經》之文句為開說，可知其熟於讀經。〔註32〕伯雄之弟伯仁，海陵曾夜召以賦詩，「傳趣甚

〔註24〕參見陶晉生前揭書，頁41、42。
〔註25〕見卷5，〈海陵本紀〉，頁118。
〔註26〕見劉祁，《歸潛志》（北京市，中華書局，1997年），卷12，頁136。
〔註27〕見前註，卷1，頁3。
〔註28〕見張棣，〈金圖經〉，收於《金史輯佚》，頁75。又《金史》，卷105，〈張用直傳〉，
載海陵受學於張用直，自言：「朕雖不能博通經史，亦粗有所聞」，見頁2314。
〔註29〕見張棣，〈正隆事迹〉，收於《金史輯佚》，頁223。
〔註30〕見《大金國志》卷12，頁103，卷13，頁103～105，卷15，頁114。
〔註31〕見卷15，頁118。
〔註32〕參見《金史》，卷82，〈海陵諸子傳〉，頁1855。

亞」，可為海陵極喜詩賦之例；且與伯仁品評廷試程文，可為君臣論文之例。
〔註33〕海陵亦曾與鄭子聃品論會試之程文，於進士試時，親臨軒觀試，出賦題「不貴異物民乃足」，詩題「忠臣猶孝子」，論題「憂國如飢渴」，又於便殿親覽試卷，說明海陵重科舉人才，亦有漢學相當之水準。〔註34〕海陵曾與蕭玉等臣僚談論唐代人物史事，又因有南伐攻宋之意，嘗與近臣便殿坐談，舉論《漢書》以言天下封疆，又為其讀史之例。〔註35〕

　　海陵好漢學而通經史，尤以詩賦文學稱著，其作品可見者有詩六首，殘詩二首，分別是〈過汝陰作〉、〈以事出使道驛有竹輒詠之〉、〈書壁述懷〉、〈見几間有巖桂植瓶中索筆賦〉、〈南征至維揚望江左〉、〈哀姚將軍〉。殘詩為〈題扇〉、〈失題〉。詞有四首，分別為：〈昭君怨〉、〈鵲橋仙〉、〈喜遷鶯〉、〈念奴嬌〉；而海陵又能書法常作畫且善畫方竹。〔註36〕其詩作大氣沈雄，如金人劉祁所舉之例：〔註37〕

　　　　大柄若在手，清風滿天下。（題扇）
　　　　屯兵百萬西湖上，立馬吳山第一峰。（南征至維揚望江左）
其詞雄健峻厲，如〈念奴嬌〉、〈喜遷鶯〉。〈念奴嬌〉〔註38〕，句如下：

　　　　天丁震怒，掀翻雲海，散亂珠箔。六出奇花飛滾滾，填平了山
　　　中丘壑。皓虎顛狂，素麟猖獗，掣斷真珠索。玉龍酣戰，麟甲滿天
　　　飄落。誰念萬里關山征夫僵立，縞帶占旗腳。色映戈矛，光搖劍戟，
　　　殺氣橫戎幕。貔虎豪雄，偏裨真勇，非與談兵略。須拼一醉，看取

〔註33〕參見《金史》，卷125，〈文藝傳上〉，頁2723、2724。
〔註34〕參見前註，頁2725、2726。
〔註35〕參見《金史》，卷76，〈宗本附蕭玉傳〉，頁1735，另見卷129，〈佞幸傳〉，頁2782。
〔註36〕海陵帝詩作，見閻鳳梧、康金聲，《全遼金詩》（太原市，山西古籍出版社，2001年）上冊，頁398～400。殘詩於祝誠《蓮塘詩話》收有海陵〈哀姚將軍〉詩，見詹杭倫，《金代文學史》（臺北市，貫雅文化事業公司，民國82年），頁520。詞作見唐圭璋，《全金元詞》（臺北市，洪氏出版社，民國69年），頁26、27。李大諒，〈煬王江上錄〉言〈木樨花〉詩亦為「索筆硯為詩」，是親筆書法作詩，見《金史輯佚》，頁239。又言海陵〈鵲橋仙〉詞為其親筆所寫，知其能書法，見頁241。又南宋時岳珂已言及海陵之詩，並錄寫八首，參考《程史》（上海古籍出版社，2001年，《宋元筆記小說大觀》），第四冊，卷8，〈逆亮辭怪〉條，頁4401～4403。其作畫參考夏文彥，《圖繪寶鑑》（臺北市，台灣中華書局，影印津逮祕閣本），卷4，頁79下。
〔註37〕劉祁言海陵「讀書有文才」，故舉其詩中句為例，見註27，頁3。
〔註38〕詞見前揭《全金元詞》，頁27，下引錄〈過汝陰〉詩見《全遼金詩》，頁398。

碧空寥廓。

但海陵詩詞仍有其婉約清麗之作，如〈過汝陰作〉詩、〈昭君怨〉詞，與雄健之作大異其趣，若不知作者，直視之如不同之二人，因而可見海陵才情非一面之識可知曉。如其〈過汝陰作〉詩：

> 汀掩黃昏染綠苔，那回踪跡半塵埃。空庭日暮鳥爭笑，幽靜草深人未來。數仞假山當戶牖，一池春水繞樓臺。繁花不識興亡地，獨倚欄杆次第開。

（二）世宗完顏烏祿

漢名雍。為金代最受稱譽之君，號稱「小堯舜」。為太祖之孫，睿宗（宗堯）之子，生母為遼陽李氏，恐為渤海族人，故世宗有漢化家庭背景，又成長於上京漢化之環境。〔註39〕世宗因熙宗、海陵王之漢化，恐失女真傳統，因而有「本土化運動」之起，提倡女真舊俗，並提高女真官員素質，至於有「女真進士科」之創制。〔註40〕凡此並未放棄漢文化，而其本人亦有相當程度之漢學，最顯著者為君臣對話中可見。世宗之漢學約略可分為 1. 引史書或史事。如與宰臣言先秦、唐、虞之治、漢文故事、隋唐宋史書史事、晉書、梁書、《通鑑》。〔註41〕2. 泛論古今及史書紀事等。〔註42〕3. 經書。如與皇子允恭論兄弟妻子之際，父子二人皆以《詩經》談論。〔註43〕世宗與太子還都，禮官不知大駕鹵簿之故事，世宗疑其非是，乃「詳閱舊典」，又禮官議受冊謁謝太廟事，世宗評論其禮制，是對《禮》學有相當研究。〔註44〕4. 音樂。金初由宋朝得金石之樂，在女真「本國舊音」，世宗曾「寫其意度為雅曲」，此或即所謂「本朝樂曲」，名為〈君臣樂〉，惜其辭律不傳。但《金史》收錄有依「本朝歌曲」而續調之歌，其歌詞為四字古詩句，詞語

〔註39〕參見《金史》，卷8，〈世宗本紀下〉，頁204。家世之狀況，參見卷6，〈世宗本紀上〉，頁121，生母李氏，見卷64，〈后妃傳下〉，頁1518、1519。

〔註40〕金代中期世宗之提倡女真文化及女真進士科舉，參見陶晉生，〈金代中期的女真本土化運動〉、〈金代的女真進士科〉，兩文皆收於《邊疆史研究集——宋金時期》（臺北市，台灣商務印書館，民國60年），頁50～63、60～76。

〔註41〕參見《金史》，卷6，〈世宗本紀上〉，頁128、141、150，卷7，〈世宗本紀中〉，頁168、172、175，卷8，〈世宗本紀下〉，頁180、185、192、193、195、196、198、199、202。卷83，〈張汝霖傳〉，頁1866。

〔註42〕參見《金史》，卷7，頁163、172。另見《大金國志》，卷17，頁126。

〔註43〕參見《金史》，卷19，〈世紀補〉，頁413。

〔註44〕參見前註，頁411。

樸素流暢。〔註 45〕雖未能確定是否純女真樂曲，但有通漢學音律而制樂曲之可能。5. 書法。元好問有〈世宗御書田不伐望月婆羅門引先得楚字韻〉詩，〔註 46〕得知世宗能書法。6. 文學。在音樂詞句中已見其樸素流暢之風格，直如古詩歌之體，如其後半段言：

> 乃眷上都，興帝之第。屬茲來遊，惻然予思。風物減耗，殆非昔時。於鄉於里，皆非初始。雖非初始，朕自樂此。雖非昔時，朕無異視。瞻戀慨想，祖宗舊宇。屬屬音容，宛然如睹。童嬉孺慕，歷歷其處。壯歲經行，恍然如故。舊年重遊，依稀如昨。歡誠契闊，旦慕嗟若。於嗟闊別兮，云胡不樂。〔註 47〕

世宗出生及成長於上京，赴上京重遊舊地，因有所懷念，故其真情流露不掩。世宗之詞，可見者為〈減字花木蘭〉，題為「賜玄悟玉禪師」，詞句如下：

> 但能了淨，萬法因緣何足問。日月無為，十二時中更無疑。常須自在，識取從來無罣礙，佛佛心心，佛若休心也是塵。〔註 48〕

世宗通佛理始能有如此思想，漢文學有其根底方能作出這等佳句，而玄悟玉亦有同調詞唱和，今且不錄。佛僧有來往外，道士亦有來往，全真教丘處機曾奉世宗詔入京，有〈進呈世宗皇帝〉詩，〔註 49〕惜未見世宗與之是否有贈詩或唱和之作？詩詞唱和本為漢人士大夫間之常事，帝王亦常與臣僚宴飲賦詩，如《大金國志》載世宗與太子、諸王在東院賞牡丹，晉王賦詩以呈，而和者十五人，〔註 50〕足見君臣賦詩飲賞與漢式朝廷並無二致。唯可惜未能多見世宗漢文學之作品。

　　世宗除其本身為漢學研習者之外，雖有提倡女真本土文化之舉，但仍未忘倡行漢學。如大定十年（1170）世宗謂近臣說護衛以後是治民之官，要教以讀書，〔註 51〕所讀即應是漢文化典籍，但亦或是女真文轉譯之漢典籍也未可知。大定十四年，詔京府設學養士，及定宗室、宰相子程試等第，〔註 52〕前

〔註 45〕參見《金史》，卷 39，〈樂志上〉，頁 881、891、892。
〔註 46〕見《遺山先生集》（《九金人集》，臺北市，成文出版社，民國 56 年），卷 4，頁 9 上、下。
〔註 47〕見《全遼金詩》，上冊，頁 531、532。
〔註 48〕見《全金元詞》，頁 27。
〔註 49〕參見《全遼金詩》，中冊，頁 985。
〔註 50〕參見卷 17，「大定十七年四月三日」事，頁 128。
〔註 51〕參見《金史》，卷 6，〈世宗本紀上〉，頁 146。
〔註 52〕參見《金史》，卷 7，〈世宗本紀中〉，頁 164。

者養士即擴大漢學之講授，後者與女真進士有關，其科考內容實即為漢學。大定二十六年，女真官員建言猛安謀克皆先讀女真字經史然後承襲，世宗言：「但令稍通古今，則不肯為非」，〔註53〕是期望女真貴族階層都能粗知歷史與經籍。世宗倡行漢學極注重譯寫漢文典籍，並頒行分賜，所譯為女真文之漢籍如以《孝經》分賜護衛新軍，設譯經所，譯《易》、《書》、《論語》、《孟子》、《老子》、《揚子》、《文中子》、《劉子》、《新唐書》、《春秋》。〔註54〕在女真進士考試之初僅試以策論，世宗欲加試經義，當時因五經中《詩》、《禮》二經尚未譯出，宰臣建議五經全譯出後再試經義，世宗仍以為可先於經內試以論題，逐漸再加試經義，〔註55〕這對倡行漢學有些急迫之心理。譯漢文典籍約始於大定四年，次年，即有翰林侍講學士徒單子溫進所譯《貞觀政要》、《白氏策林》等書，又次年，進《史記》、《西漢書》，下詔令頒行，並配合教學，選諸路學生習作詩、策等。由猛安謀克中選子弟為學生，諸路生員達三千人；又設女真國子學、諸路女真府學。國子學生百人，小學生百人，府州學有二十二處，生員當更多。設學養士，教以漢學經籍，無疑是全面推廣漢學。〔註56〕大定十五年，詔譯諸經，又令女真、漢人儒者譯解、究義等。〔註57〕譯頒經典文籍，是倡行漢學，且配合教育所需，教學生習作詩、策，除為科舉之用，也仍是在倡行漢學。透過教育推廣漢學始於世宗，對女真之漢化尤有其功。

科舉制度源於太宗以經義取漢士，熙宗以經義、詞賦兩種，海陵王復增殿試，其後不久又以五經、三史正文內出題。金初為取漢士用漢法而行科舉，是依遼、宋取士之法，雖是用漢法取漢士，至少未絕漢人研習漢學之傳統。世宗頗重科舉取士，嘗親自出御試賦題，此外，於聽政之餘，召參政、學士讀新進進士所對策，由策中可得知政情國事，〔註58〕顯見世宗勤政治理之心，亦可知世宗之漢學水準頗高。世宗親出賦題之看法有其見地，其說云：

〔註53〕參見《金史》，卷8，〈世宗本紀下〉，頁192。

〔註54〕參見前註，頁184。世宗並言：「朕所以令譯五經者，正欲女真人知仁義道德所在耳」，由此得見世宗之用心。

〔註55〕參見《金史》，卷51，〈選舉志一〉，頁1142。

〔註56〕參見《金史》，卷99，〈徒單鎰傳〉，頁2185，卷51，〈選舉志一〉，頁1142、2185、2186。卷105，〈溫迪罕締達傳〉，頁2321。

〔註57〕參見《金史》，卷99，〈徒單鎰傳〉，頁2185、2186。卷105，〈溫迪罕締達傳〉，頁2321。

〔註58〕見〈選舉志一〉，頁1134～1136。

自來御試賦題，皆士人嘗擬作者。前朕自選一題，出人所不料，故中選者多名士，而庸才不及焉。是知題難則名儒亦擅場，題易則庸流易僥倖也。〔註59〕

（三）昭德皇后

烏林荅氏，為世宗皇后，家世為烏林荅部長，歸金朝後居於上京，與皇室為姻親。昭德皇后聰敏孝慈，容儀整肅，在宗族中頗受敬重，嫁世宗家居於濟南，甚得婦道。海陵帝招昭德往中都，昭德以為若自殺於家必害及世宗，勉強出行，路途於河北良鄉，乘隙自殺身亡，後為世宗追冊為皇后，並此後未再立皇后。昭德死前曾作〈上世宗書〉，文中說「幼讀詩書，頗知義命」，應受有漢學教養。〈書〉文典雅流暢，辭義燦然，有極佳的漢學程度，但不能確知是否有此〈書〉之作？且記於此以為參考。〔註60〕

（四）章宗完顏麻達葛

漢名璟。為顯宗完顏允恭之子，世宗之孫。允恭極為漢化，有良好之漢學學養，曾立為皇太子，惜死於大定二十五年。〔註61〕章宗母孝懿皇后徒單氏，好詩、書，喜老莊，亦深染漢學。〔註62〕章宗出於漢學家庭，當有漢學之背景，家庭環境之外，自幼學女真語言小字，漢字經書，由進士完顏匡、司經徐孝美等為侍讀，〔註63〕故章宗之漢學基礎應甚於此前諸帝。

在倡行漢學方面，章宗所為與世宗相似，不外乎科舉與興學教育，如因有司之言，律科舉人欲知教化之原，使通治《論語》、《孟子》，以涵養氣度。〔註64〕詔京、府、節鎮、防禦州設學養士，復設置經童科，又於設學校處長貳幕職各以進士官提控其事。〔註65〕更定贍學養士法，使生員、國子生皆有收入以勵進學。〔註66〕詔令刺史於州郡內若無宣聖廟學者，增修之，以為學

〔註59〕見〈選舉志一〉，頁1135。

〔註60〕昭德皇后參見《金史》，卷64，〈后妃下〉，頁1519～1521，又卷63，〈后妃上〉，頁1515同記此事。〈上世宗書〉見《金文最》，卷25，頁19上、下。錄自明人孫惟熊所作《採璧》，其確實性待考。

〔註61〕參見《金史》，卷19，〈世紀補〉，頁410～416。

〔註62〕參見《金史》，卷64，〈后妃傳下〉，頁1524～1525。

〔註63〕參見《金史》，卷9，〈章宗本紀一〉，頁207。

〔註64〕參見前註，頁210。

〔註65〕參見前註，頁211。

〔註66〕參見《金史》，卷11，〈章宗本紀三〉，頁257。

習教育之所。〔註67〕承安四年（1199）建太學於京城之南，東、西序文籍、
禮器全備，召郡國及公卿子弟入學授業，並每季臨觀，課其優劣，諸生獻詩、
頌、賦者四百人。〔註68〕至於尊孔崇儒之舉，史書載之甚多，茲不贅舉。科
舉仍沿前制，增設制舉、宏詞科，〔註69〕雖在於取士，然確有倡行漢學之功。

對於提倡研讀經典籍搜求文籍方面，世宗時曾要求護衛讀書，章宗則下
令要親軍年三十五以下，習讀《孝經》、《論語》，〔註70〕其用心如世宗之時。
武舉考試初設於皇統年間，章宗定制為「泰和式」，其中有「問孫、吳書十條」，
〔註71〕即除考武藝外，尚要考漢籍兵書，又是注重推廣漢學之例。漢文籍之
重視，如章宗於初即位第三年，有學士院新進唐、宋大儒諸人之集部書26部。
〔註72〕明昌四年（1193）二月，下詔購求《崇文總目》內所闕書籍。〔註73〕
三月，設置弘文院，以譯寫經書；〔註74〕凡此皆說明章宗初期重於右文之治。
對於搜求書籍又訂有獎勵之原則，看所下之敕令，可知其求書之心：

> 敕有司，購遺書宜尚其價，以廣搜訪。藏書之家有珍惜不願送
> 官者，官為謄寫，畢復還之，仍量給其直之半。〔註75〕

章宗出自漢學家庭，幼受漢學際遇，有侍讀、侍講之儒，如完顏匡、僕散訛
可、徐秀美、王遵古等。〔註76〕故史料中常見其好文儒之記載，其為金源郡
王未即帝位時即喜讀《左傳》，又如言「章宗初即位，頗好辭章」。「好尚文辭，
旁求文學之士以備侍從」。〔註77〕「幼好學，善屬文」，「博學工詩」，「性好儒
術，即位數年後，興建大學，儒風盛行」，又好字謎隱語，當有相當漢語文程

〔註67〕參見《金史》，卷12，〈章宗本紀四〉，頁267。
〔註68〕參見《大金國志》，卷20，〈章宗皇帝中〉，頁145。
〔註69〕參見〈選舉志一〉，頁1150。〈章宗本紀一〉，頁214。
〔註70〕參見〈章宗本紀四〉，頁270。
〔註71〕參見〈選舉志一〉，頁1151。
〔註72〕參見〈章宗本紀一〉，頁218。所列代表性諸儒有杜甫、韓愈、劉禹錫、杜牧、
　　　　賈島、王建、王禹偁、歐陽修、王安石、蘇軾、張耒、秦觀等人。
〔註73〕參見《金史》，卷10，〈章宗本紀三〉，頁231。
〔註74〕參見前註，頁232。
〔註75〕參見〈章宗本紀三〉，頁257。
〔註76〕參見〈章宗本紀一〉，侍讀中之完顏匡、僕散訛可，參見《金史》，卷98，〈完
　　　　顏匡傳〉，頁2163～2174。王遵古為翰林直學士，嘗侍講讀，見註72，頁242。
　　　　徐孝美侍讀，見〈章宗本紀一〉，頁207。
〔註77〕參見《金史》，卷95，〈移剌履傳〉，頁2100，卷92，〈徒單克寧傳〉，頁2052，
　　　　卷125，〈文藝傳上〉，頁2727。

度及文學教養。〔註78〕好儒學辭章，能鑑賞文史作品，如韓玉為經義、詞賦兩科進士，入翰林為應奉，應制作文，又作〈元勳傳〉，深獲章宗嘆賞。又評論文學名儒王庭筠、黨懷英文章，且引漢、唐、宋史事為言，在議論尊號時，與張行簡討論范祖禹《唐鑑》中論尊號事。〔註79〕章宗讀書應相當廣博，經史基礎外，以文學為多，故言其好辭章；然亦知其讀《武經》之書。〔註80〕文學作品以詩作為著，今可見之詩作有〈雲龍川泰和殿五月牡丹〉、〈（命）翰林待制朱潤侍夜飲詩〉、〈宮中絕句〉、〈遊龍山御制〉、〈水寶巖漱玉亭〉、〈仰山〉、〈送張建致仕歸〉（殘句）、〈賜永成誕〉（殘句）；有詩題但未見詩文者有〈吊王庭筠下世〉，並〈鐵券行〉數十首等。〔註81〕其詞作有〈蝶戀花〉（聚骨扇）、〈生查子〉（軟金杯）二首。〔註82〕章宗詩詞作品中可見其重雕琢，但寫景不夠典型，意境欠渾成，雖有其藝術美學之功力，風格上詩有「尖新」氣，詞帶「浮豔」風。〔註83〕如其〈宮中絕句〉詩：

> 五雲金碧拱朝霞，樓閣崢嶸帝子家。
>
> 三十六宮簾盡捲，東風無處不揚花。

此詩為金人劉祁稱「真帝王詩也」。〔註84〕其〈聚骨扇〉詞則有浮豔之風：

> 幾股湘江龍骨瘦，巧樣翻騰，疊作湘波皺。金縷小鈿花草鬥，

〔註78〕見《大金國志》，卷19，〈章宗皇帝上〉，頁37，卷20，〈章宗皇帝中〉，頁145，卷21，〈章宗皇帝下〉，頁153。好字謎事參見孫楷第，《元曲家略考》（臺北市，文史哲出版社，民國78年），頁110。

〔註79〕參見前註，卷28，頁213。《金史》，卷126，〈文藝傳下〉，頁2731。卷106，〈張行簡傳〉，頁2331。

〔註80〕參見《金史》，〈夾谷清臣傳〉，頁2084。

〔註81〕詩作參見《全遼金詩》，頁1748～1750，收詩七首、殘詩一首，其中列有〈軟金杯詞〉，本文列入其詞作〈生查子〉中。又〈賜永成誕〉殘詩，為筆者所加之詩題，諸書皆未收入，其殘詩句為「美譽自應輝玉牒，忠誠不待啟金縢」，見《金史》，卷85，〈世宗諸子〉，頁1907。永成為世宗之子，博學善屬文，亦為研習漢學之皇族。元好問之《中州集》，僅收章宗〈雲龍川泰和殿五月牡丹〉詩一首。見卷首，頁2上。劉祁之《歸潛志》，收章宗詩詞為〈宮中絕句〉、〈翰林待制朱潤侍夜飲〉、〈聚骨扇〉詞、〈軟金杯〉詞，又有〈送張建致仕歸〉、〈吊王庭筠下世〉二詩題，並說章宗另有〈鐵卷行〉數十韻，「筆力甚雄」。見卷1，頁3、4。章宗詩當不只此，如賜張建詩，為帝王示寵信而賜詩臣下之例，見《金史》，卷126，〈文藝傳下〉，頁2734。

〔註82〕參見《全金元詞》，頁49。〈聚骨扇〉、〈軟金杯〉為其詞題名。

〔註83〕參見詹杭倫前揭〈金代文史學〉，頁166。

〔註84〕見《歸潛志》，頁3。

翠絛更結同心扣。金殿珠簾閒永畫，一握清風，暫喜懷中透。忽聽
傳宣須急奏，輕輕褪入香羅袖。〔註85〕

章宗於文學工詩詞，又能書畫。南宋周密言章宗效宋徽宗之書畫，其言說：

　　金章宗之母，乃徽宗某公主之女也。故章宗凡嗜好書箚，悉效
宣和，字畫尤為逼真。金國之典章文物，惟明昌為盛。〔註86〕

章宗母徒單氏前已言及，周密所說係出傳聞，未必可靠，為要聯繫章宗書畫
仿徽宗之故而生傳聞。在書畫史中，章宗為金代書法代表人物之一，但多未
言其畫藝，書法如《豐坊書訣》言其學徽宗瘦金體，《書史會要》言「章宗喜
作字，專師宋徽宗瘦金書」。〔註87〕章宗宮廷內府藏古代書畫名作，大都有其
題簽，字體絕似徽宗之瘦金體，不易分辨，如徽宗宣和畫院摹製之〈虢國夫
人遊春圖〉（藏遼寧博物館）、〈搗練圖〉（藏波士頓博物館）、〈女史箴圖〉（藏
大英博物館），題簽、跋為瘦金體，而騎縫鈐有「明昌府」印，當是章宗之手
筆，所見其字體之運筆、結構稍欠契合，略疏曠而醇熟不如徽宗。〔註88〕以
女真族帝王能有書藝作品，如同其文學作品實難得可貴，對漢學之研習實不
差於漢家天子。

　　章宗時有關於德運之討論，德運為正統而來，是漢文化中的政治思想，
亦成為一種政治學說。章宗於明昌四年(1193)底下詔命官員討論金朝之德運，
斷續集議四次，宣宗繼之又集議二次，前後討論六次，達二十四年之久；《大
金德運圖說》即載集其時討論之各種主張。〔註89〕德運討論之舉，說明章宗

〔註85〕見註82。然前註《歸潛志》所載，字句略有不同，第六句下作「金殿日常承
　　　　殿久，招來暫喜清風透」。依詞牌〈蝶戀花〉，似有漏字，稍不合詞，故疑劉
　　　　祈所載恐有誤。
〔註86〕見周密，《癸辛雜識》（北京市，中華書局，1997年），頁212，〈章宗效徽宗〉條。
〔註87〕參見陶宗儀，《書史會要》（上海書店影印本），卷8，頁1下。另見祝嘉，《書
　　　　學史》（臺北市，文史哲出版社，民國70年），頁298。張龍文，《中華書史概
　　　　述》（臺北市，中華書局，民國62年），頁170。楊仁凱，《中國畫史》（上海
　　　　市，上海古籍出版社，1990年），頁282。
〔註88〕參見前註楊仁凱、張龍文書。張龍文書印有徽宗之瘦金體字〈萬壽宮碑〉，見
　　　　頁156；又有章宗瘦金書之〈女史箴圖〉題跋，見頁170。二者互作比較當可
　　　　知有其差異。又据元人王惲說章宗留有「飛渡橋」、「飛虹橋」六字石刻，「筆
　　　　力道婉，勢若飛動，有王禮部無競風格」。見《秋澗集》（《文淵閣四庫全書》），
　　　　卷34，《慶壽東西二橋》，頁8下、9上。王禮部指金代名家王競，善草隸大
　　　　字，則非瘦金體書。
〔註89〕參見陶晉生，《女真史論》，頁98～101。Hok-Lam Chan, "Legitimation in
　　　　Imperial China" （臺北市，弘文館出版社，民國75年）PP.139～168。《大金

深染漢文化至於思想觀念之層次，其討論之內容是漢學的範圍，參與討論之人有漢、女真官員，且不論其主張何種德運，無非是繼統問題，或繼遼、宋、唐皆有，反映出其時朝廷已自視為中國的漢式朝廷。

（五）欽懷皇后蒲蔡氏

章宗之后，上京路曷速河人。父鼎壽為熙宗駙馬，祖譙國公阿胡迭，曾祖太神，金初有功於國，為光祿大夫、應國公。蒲蔡氏死於章宗即位前，史稱其「風儀粹穆，知讀書為文」。〔註90〕故知欽懷后當有漢學研習，然相關資料欠缺，其漢學詳情未知。

金代后妃有渤海、漢人外，女真本族之后妃皆未見有關漢學之事，以女真皇族、貴族之受漢文化，而未載及於后妃，此情況一時難以了解。能得見者為世宗昭德皇后及章宗之欽懷后，另有章宗母孝懿皇后徒單氏（詳另篇），但又僅略記一語，或有待他日再考察。

四、晚期諸帝之漢學

章宗末之泰和六年（1206），鐵木真稱成吉思汗於漠北，其草原帝國持續擴張，對於金朝形成強大壓力，南、北形勢漸產生變化。衛紹王繼章宗皇位之第三年，即元太祖六年，蒙古南下攻金，〔註91〕此後斷續攻金而未止。及宣宗時亦無力扭轉局勢，至於貞祐南渡，遷都於河南汴京，華北淪為戰場。其後哀宗走歸德，與其子末帝殉國於蔡州。故自衛紹王以下實已屬金代晚期，愈往後愈陷於戰亂危亡，史書記事大多在此，於漢學文化等所記甚少。

（一）衛紹王完顏興勝

漢名永（允）濟，為世宗第七子，元妃李氏所生。因其「柔弱鮮智能」，故世宗愛之而章宗傳皇位。〔註92〕衛紹王在位五年，為時甚短故記錄不多，對於漢學之相關事蹟在於校訂《大金儀禮》，詔儒臣編《續資治通鑑》。〔註93〕

德運圖說》收入《四庫全書》中，張金吾輯《金文最》卷28、29收有若干篇德運論文，亦可參看。
〔註90〕見《金史》卷64，〈后妃傳下〉，頁1527。
〔註91〕參見《金史》，卷13，〈衛紹王本紀〉，載大安三年（1211）蒙古攻金，見頁293。又見於《元史》（北京市，中華書局，1983年），卷1，〈太祖本紀〉，載太祖六年南伐攻金，見頁15。
〔註92〕參見前註〈衛紹王本紀〉，頁290。
〔註93〕參見前註，頁292。

《大金儀禮》為章宗明昌六年（1195）底由禮部尚書張暐等修進，此當即《國朝集禮》。〔註94〕復於泰和三年（1203）命李炳等人再加詳訂。〔註95〕是以衛紹王時接續此工作而進行校訂。校訂者有楊雲翼，雖為若干卷，〔註96〕但諸家書錄多著錄此書，或即為今所知之《大金集禮》；〔註97〕則衛紹王於金代有校訂儀禮大典之功。《續資治通鑑》所詔編著之儒臣或即為楊雲翼，然史載其「續通鑑若干卷」，似未完成。〔註98〕詔編《續資治通鑑》之舉，亦可見衛紹王以史為鑑之用心。

與《通鑑》相關者，在大安三年（1211）底，蒙古攻中都急迫，金廷出使請和，許公主為婚，而蒙古更欲得駝、牛、羊等。衛紹王與朝臣議於明堂殿，學士張興大謂不可，以侯景運石頭米之事爭諫，「因命人取《通鑑》以呈」，衛紹王決議許以金繒錦帛，而未允駝、羊等物。〔註99〕《通鑑》可為史諫，衛紹王當不疏於書史之漢學。

章宗明昌四年（1193），世宗第六子鄭王允（永）蹈因謀反賜死。〔註100〕次年，允蹈長子愛王大辨據五國城以叛，為抵抗金兵征討，愛王遂結聯蒙古以拒，直至衛紹王時仍為東北割據勢力。衛紹王曾命學士吳宗稷草詔召撫，

〔註94〕參見《金史》，卷10，〈章宗本紀二〉，頁235。張暐曾歷太常、禮部二十餘年，最明古今禮學，然修進《大金儀禮》事，於《金史》本傳中卻未見，見卷106，〈張暐傳〉，頁2327～2329。又張暐之子行簡言於章宗有《國朝集禮》當係指此，見〈張行簡傳〉，頁2331。

〔註95〕參加詳訂《儀禮》者，除吏部侍郎李炳外，另有國子司業蒙括仁本、知登聞檢院喬宇等。參見《金史》，卷11，〈章宗本紀三〉，頁260。

〔註96〕參見《金史》，卷110，〈楊雲翼傳〉，頁2425。

〔註97〕楊家駱於《新補金史藝文志》（臺北市，國防研究院，《金史》附，民國60年），於〈政書類〉列有無撰人之《大金儀禮》，其釋語言見於倪燦《補遼金元藝文志》（臺北：臺灣商務印書館，民國55年），並引倪燦記「明昌六年禮部尚書張暐等進」，楊氏案「此疑即《大金集禮》，然補志于是書下並列《大金集禮》，故存其舊」。另列楊雲翼校《大金禮儀》，《大金集禮》四十卷，見頁24。倪燦補志列《大金儀禮》、《大金集禮》四十卷，似分別為二書，見頁45。楊家駱則添列楊雲翼校之《大金禮儀》，並以無撰人之《大金儀禮》疑為今見之《大金集禮》。筆者以為張暐所進即張行簡所言《國朝集禮》，亦即為楊雲翼所校書，當應為今之《大金集禮》。又《四庫全書總目》（臺北市，藝文印書館，民國63年）提要言黃虞稷《千頃堂書目》以之為張暐所進本，即今之《大金集禮》，見卷82，頁7上、下。

〔註98〕參見註95。

〔註99〕參見《大金國志》，卷22，〈東海郡侯上〉，頁159。

〔註100〕鄭王允蹈事見《金史》，卷85，〈世宗諸子〉，頁1901、1902。

又親作手詔諭愛王（或為愛王之子），言辭懇切，簡潔明暢，有極佳之文學水準，又引「昔梁詧既與湘東叔姪之讎」之歷史典故，即南朝梁蕭詧、蕭繹之事，「詧引周兵以陷江陵，隨亦失國而為人虜，此事宜鑑」。雖愛王得手詔而泣下，但大勢已為蒙古所制，不得自由。〔註101〕

（二）宣宗完顏吾睹補

漢名珣，為顯宗長子，世宗之孫，與章宗為兄弟。衛紹王被胡沙虎（紇石烈執中）所弒，受迎立為帝。〔註102〕雖然其時局勢甚惡，長年受蒙古攻侵，至於遷都於汴，但大體上宣宗朝仍如前倡行漢文化未曾終止，如尊孔、重科舉、設學養士、修史等，此不贅言其詳。在興定元年（1217）時已南遷於汴，時尚書省以軍儲不繼，欲罷州在學生廩給，宣宗言：「自古文武並用，向在中都，設學養士猶未嘗廢，況今日乎？其令仍舊給之」。〔註103〕此例可說明其設學養士為國儲才，無異於倡行漢學於不輟。興定四年，特賜經義進士十三人及第，宣宗親覽其程文，「愛其辭藻，咨嘆久之」，因怪學者益少，命監官豐足養士學糧。〔註104〕不惟於時局艱困時猶不忘親自關注科舉選士，又務求勵學養士之措施。對於所置親信之近侍局官員，同樣講究由漢學中教養其道理，宣宗詔諭言：

> 奉諭、奉職皆少年，不知書。朕憶曩時置說書人，日為講論自古君臣父子之教，使知所以事上者。其復置。〔註105〕

往昔曾有教導儒家五倫道理，應是兵事倥傯，南渡後有所荒廢，故令復置。

〔註101〕愛王事件於《大金國志》所載較多，參見卷19，〈章宗皇帝上〉，頁139，此下各卷皆有載及。衛紹王遺手詔及原文，見卷23，〈東海郡侯下〉，頁165。然據《大金國志》所載，愛王病死於泰和四年（1204），其子雄三大王繼位，見卷20，頁148，依此則衛紹王手詔不可能達於愛王大辨，當達送雄三大王，但詔書中叔姪關係乃衛紹王與大辨之關係，雄三大王為衛紹王之孫姪，故《國志》所載恐有不實或疏漏之處。又貞祐三年（1215）太康縣人劉全為盜起兵，詭稱「愛王」，乃冒鎬王永中之子石古乃之名，然石古乃未嘗封王，見《金史》，卷85，〈世宗諸子〉傳，頁1900，衛紹王與鎬王皆為世宗之子，於輩份言，石古乃為衛紹王之姪。愛王與雄三大王事件有待考察。又衛紹王手書可見於張師顏，《南遷錄》（《學海類編本》），頁18下、19上，但該書訛謬甚多，恐不足信。

〔註102〕參見《金史》，卷14，〈宣宗本紀上〉，頁301。

〔註103〕參見《金史》，卷15，〈宣宗本紀中〉，頁328。

〔註104〕參見《金史》，卷51，〈選舉志一〉，頁1140。

〔註105〕參見《金史》，卷16，〈宣宗本紀下〉，頁364。

說講之內容可謂漢學之淺近教化之理，固為漢文化之價值觀念，亦是屬於倡行漢學之一面。

宣宗本人之漢學，由《大金國志》所載可見：

> 宣宗幼美風姿，好學、善談論，尤工於詩，多招文學之事賦詩飲酒。〔註106〕

宣宗之文學作品今未能見，甚為可惜。其次，宣宗朝又有兩次對德運之討論，即宣宗繼章宗時所議，再會大臣商議之，此前文已略言及，說明章、宣二帝對漢文化中政治學說在觀念上之接受以及重視，亦傾向於繼唐宋中國朝代之正統。

（三）哀宗完顏寧甲速

漢名守緒（守禮），宣宗第三子，宣宗立其為皇太子，並更賜名為守緒，更名係太子少保張行信所建言。〔註107〕哀宗朝基本上已難抵抗蒙古之攻侵，繼位後九年之天興元年（1232），三峯山之戰，金兵大潰，此後二年內，哀宗棄汴走歸德、至蔡州，亡國前傳位於子完顏承麟（末帝），蔡州城破，哀宗自縊死，承麟亦死於亂兵中。哀宗朝為金代最後的十一年，除沿用前朝之漢法、漢制如尊孔、科舉之制照行，仍重漢籍之編作，如翰林待制呂造進《尚書要略》，前朝遺訓如集賢院史公奕進《大定寶訓》。〔註108〕又於即位次年設益政院，以楊雲翼講《尚書》，以為國大綱為主要內容，又進《龜鑑萬年錄》、《聖學》、《聖要》等二十篇，〔註109〕《萬年錄》為楊雲翼與同任益政院說書官趙秉文合作而成，二人又集自古治術為《君臣政要》以進，秉文亦嘗進《無逸直解》、《貞觀政要》、《申鑑》等書篇，為哀宗能目親經史，由其中獲得裨益。〔註110〕由楊、趙二儒與哀宗之相處，除說明君臣皆以為其時治國親政當是要務，設益政院、說書、進書所為在此，亦可知哀宗當有其漢學基礎，其益政院與經筵另有女真之儒者士大夫，共同講論。〔註111〕《大金國志》言哀宗：

〔註106〕參見《大金國志》，卷25，〈宣宗皇帝下〉，頁1820。

〔註107〕參見《金史》，卷17，〈哀宗本紀上〉，頁373。

〔註108〕參見前註，頁379。

〔註109〕參見《金史》，卷110，〈楊雲翼傳〉，頁2423。

〔註110〕參見前註，〈趙秉文傳〉，頁2428。

〔註111〕益政院院官有楊雲翼、完顏素蘭、蒲察世達、裴滿阿虎帶、史功奕、呂造等六人。日以二員官直講，或講數日不等。參見王鶚，《汝南遺事》（臺北市，新興書局，影印指海本），卷4，頁9。

> 少而嗜書，長而博學，時干戈搶攘，日不暇給，與學士大夫談
>
> 論不輟。才藻富贍，好為文章。〔註112〕

嗜書博學，即以經史為主，又以文辭為其漢學之專長，於干戈中猶不輟講論，
但可惜似宣宗一樣，未能見其作品。

五、結　語

　　清儒趙翼稱「金代文物遠勝遼元」，並列舉帝王宗室之習漢文化等事，其
結語言：

> 惟帝王宗親，性皆與文事相浹，是以朝野習尚，遂成風會，金
>
> 源一代文物，上淹遼而下軼元，非偶然也。〔註113〕

金代染習漢文化中之漢學，非惟帝后，宗室貴族亦頗盛行，此當另篇詳述。
就本文以帝后研習漢學之情形而言，后妃中除渤海、漢族之外，僅得世宗妻
昭德皇后、章宗之欽懷皇后蒲察氏及其母孝懿皇后徒單氏，且所知極有限，
詳情未能知；其餘后妃之漢學研習則未見及有關之資料。金代皇族宗室與貴
族間研習漢學頗為盛行，推想后妃當亦多有所習染，但缺實證之資料，未能
稍多列論，殊為可惜。

　　金代享國未久，百廿年間歷九帝，恰可分為三期，各期有三帝。金初三
帝時期，正為建國擴展之際，對漢文化或漢人為初接觸之時，渤海、遼國燕
雲漢族士人，為其開國草創禮儀制度之主要人才，又得遼之典章文物為基礎，
故汲取漢法、漢制較為快速，而女真部族本為農業、漁牧之社會文化，與華
北漢族農村社會相近，是收融漢文化較為有利之處。其後得北宋之典章文物、
漢族士人，更快速加深其漢化之基礎。金初太祖、太宗未能確定其漢學之研
習情形，但其諸多措施、政策是成為漢學之倡行者無疑。其中以集結典章文
物於上京，形成上京文化尤為重要，影響及熙宗、海陵二帝之漢學。熙宗開
始則更努力推廣漢法、漢制，歷以下各朝諸帝至金亡，皆不遺餘力，就所影
響及漢學方面，皆可謂為漢學之推廣者，最顯著之具體措施如科舉、尊孔、
興學養士、儀禮制度等。熙宗本人熟悉經、史，又能詩文，生活習染「宛如
一漢家少年」；但惜未見其漢學方面之作品傳世。

　　中期為金代帝王漢學最盛之時，由初期之醞釀至熙宗時已漸成熟，中期

〔註112〕見卷26，〈義宗皇帝〉，頁185。

〔註113〕見《廿二史劄記》（臺北市，世界書局，民國60年），卷28，頁388、389。

各帝在漢學倡行與研習上無不有其表現，又博覽經史，喜好文學為特色，而且皆有文學作品傳世，頗為難得。海陵帝博覽經史，而其詩詞有雄健勁厲之風，亦有婉約清新之作。世宗於經、史之外，能通禮學、樂律，書法、文學，具多才多藝之學，又與佛道人物來往，有其釋老之學；至於譯印漢籍經典，設學養士尤有功績。世宗復重視女真族人之學習，除女真本土文化外，所學皆是漢學，其譯書、興學即在於此。然世宗之漢學作品有限，亦極為可惜。後繼之章宗出於漢文化家庭，其漢學不亞於世宗，今可見之作品較金代各帝為多，其文學在於詩詞之作，有尖新浮豔之風，頗能雕琢辭句。其書法學徽宗之瘦金體，今可得見數件作品，雖醇熟稍欠，但已屬難得。章宗時又有關於德運之議，至於其後宣宗時仍繼之，章、宣二帝之議德運，說明染習漢文化中之政治學說，而又欲以正統之中國皇朝自居之心理。

晚期諸帝臨衰亡之時，患苦於蒙古之侵攻，形勢日蹙而國政日危，但對於前此之漢法、漢制仍多所關心，故科舉與養士不輟，漢學仍在倡行之中。衛紹王通經史、能文章，續章宗時編修之集禮詳加校訂，因在位甚短，不及五年而被弒，故所知之漢學情形甚缺。宣宗好學而工於詩，多與文學之士談論賦詩等，然惜未見其作品。哀宗博學好文章，於干戈國危之際，猶常講論經、史，亦同樣惜未見其作品。

金代採漢制故宜有其宮廷教育，諸帝所受之漢學除家庭因素外，應即在宮廷或王府之教育中習得，自熙宗以下無不研習經、史文學，經、史難得有時日鑽研，故不能見其作品，文學則多見諸詩詞，尚能有些許作品傳世，書法僅見章宗之瘦金體，而世宗之博學多才堪稱為金代帝王之翹楚。

第五篇　金代北族之漢學

一、引　論

　　十二世紀初女真族興起於東北之地，女真族聯盟以完顏部為核心，在完顏阿骨打領導下建立金朝。收國元年（1115）阿骨打即皇帝位為金太祖，前此已起兵反遼，而後繼續攻遼。太祖之後，其弟吳乞買繼立為太宗，於天會三年（1125）滅遼，隨即南下攻宋，一年後攻陷汴京，俘宋徽、欽二帝北還。北宋雖亡，但南宋高宗仍繼續抗金。金朝先後扶立楚、齊政權，又曾廢齊國與宋和談，以及再度大舉南下攻宋，直到熙宗皇統二年（1142）正式與宋訂約和盟，以淮河為界，中國分南、北之宋、金二國。大體上，金國除領有遼朝原來之疆域外，又南向擴展擁有中原之地，直抵華中淮北地方；而其所治之漢地、漢民較諸此前之遼朝要增廣許多。

　　以領土擴張及朝代相繼而言，遼朝契丹族起於松漠之間，是草原民族及其文化之傳統，其后族國舅回鶻族人，與契丹相類仍屬草原文化圈。遼東向擴張領有之渤海國，屬於農業民族及唐文化之餘，南方燕雲之地則為五代時的漢地、漢民，仍是唐文化之餘，而後與宋朝對峙成南、北二朝，又因受宋文化影響，故遼代漢法漢制可說是雜唐宋而來。金朝滅遼，承有遼朝之制，滅北宋又大得漢地漢民及典章文物，深受北宋之漢文化影響。然而在雜遼宋之法外，女真民族乃根本於白山黑水之間，為農業漁獵之生活，不似契丹游牧之盛，對於農業文化較為近似，並有其農業文明之基礎，因此在文化的涵容上，女真之金朝應較契丹之遼朝，更易於接受漢文化；也就是說金朝較遼朝更為漢化。

對於遼、金二代漢化的問題已有前輩學者如姚從吾的研究，同時也略論漢化與契丹、女真本土文化間的關係。〔註1〕本文要處理的是漢文化中漢學的部分，亦即漢文化中在生活、習俗之外，屬於較高的知識層面，包括思想、文化、觀念等，須透過知識而形成的漢學，又能以漢語文為工具表達出來的文化行為、作品、成效為主，如文史、藝術、儒學等。其他具有漢學的內涵，付諸具體的言行，也納入本文之中，如興學、教學等；至於有些言論文章未必為其本人所作，則暫不列入。前篇中曾對遼代契丹族群之漢學問題有過討論，也曾對金代各朝帝后的漢學作過討論，本文則繼續討論金代除諸帝之外，其他身份的女真人及金朝其他北方民族的漢學情形。相關研究多在論女真與漢文化關係時約略舉例言及，較具體者有張博泉，〈女真文人與金代文化〉，舉出女真族文士多人，並言及金代文化區。李成，〈女真文學簡論〉，舉著名文學家數人。董克昌，〈上京的金廷知識份子〉，以上京的女真漢文化發展為主。黃鳳岐，〈金代契丹族文人探微〉，以金代文士數人為例，主要偏重於耶律楚材之討論，並略言契丹文人特色。王德忠，〈金朝宗室與漢文化〉，以金代宗室人物數人為例，言其受漢文化影響。舒焚，〈金初女真族知識份子群〉，所記在於金初女真士人，舉出頗多例證證明。金啟孮，〈論金代的女真文學〉，略舉女真人在文學上的表現。〔註2〕陶晉生於《女真史論》書中亦論及女真初期之漢化，與本文相關，詳下文。

女真族建立的金朝與契丹的遼朝都是多元民族的朝代，文化上也呈現出多元性，簡單地說是「胡漢」雜糅的性質。其上可溯自五胡北朝時期，下迄元、清都有這種情形，是不同民族與相異文化接觸後所造成，在所謂「征服王朝」的歷史發展中，無可避免地要面臨這些問題，每個「征服王朝」處理的態度與方法不盡相同，通常是以「漢化」的程度來觀察，則在近世以來可以看出遼、元的「漢化」要較金、清略為粗淺，這或與其民族的生活根本有關，亦即上文提及的生活文明。女真族生聚之地的松花江流域，除漁獵畜牧

〔註1〕參見姚從吾，〈契丹漢化的分析〉、〈女真漢化的分析〉，二文俱收於《姚從吾先生全集》（五）（臺北市，正中書局，民國70年）。〈金世宗對於中原漢化與女真舊俗的態度〉，收於《東北史論叢》（臺北市，正中書局，民國57年）。

〔註2〕張博泉，文見《遼金史論集》（鄭州市，中州古籍出版社）第七輯，頁226～248。李成，文見前書，第九輯，頁253～262。董克昌，文見同前書，頁342～336。黃鳳岐，文見同前書，頁337～346。王德忠，文見《中國遼金契丹女真史國際學術研討會論文》，1991年。舒焚，文見《北方文物》，1986年第1期，頁53～59。金啟孮，文見《內蒙古大學學報》，1984年第4期。

外，適於農業之發展，可以城寨定居生活，其生活情形近似華北之農村，與漢人的農業文明大體類同，較諸游牧民族更易於接受漢地的農業生活與文化。女真生聚的地理關係，長期受到遼、宋、高麗的影響，透過朝貢與貿易關係，除去學習到政軍的技術與經驗外，也沾染到漢文化的習俗、信仰等。〔註3〕女真原本的農業文明及所受其他文化的影響為基礎，在金朝建立後，對於漢文化的態度應是吸納多於排斥，而往後國勢的擴張，擁有大量的漢地、漢民，接觸到北宋更精華的漢文化，發展成擁有中原之地的漢式帝國，其文化的變遷應是極值得注意的課題。

　　金代歷史百二十年，國祚未長。為討論方便之故，本文將之分為初、中、晚三期。初期始於太祖（1115）至熙宗（1149），歷時卅五年。此段時期為太祖統一女真各部，舉兵反遼始，經太宗滅遼、滅北宋，熙宗與南宋訂定金、宋和盟，並完成中央集權，採漢法新制等。中期始於廢帝海陵王（1150）至章宗時期（1208），歷時近六十年。此段時期為海陵進一步採漢法漢制，南向攻宋未竟，世宗、章宗之盛世，典章文物比擬唐宋，又有女真本土運動之時。晚期始於衛紹王（1209）至於哀宗亡國之時（1234），歷時廿六年。此段時期為蒙古興起攻擊金國，宣宗南渡汴京，金朝力抗蒙古至於哀宗奔走蔡州而亡為止。三個時期的劃分，大體依金朝內外局勢發展的階段而定。

二、初期之漢學

　　漢學的基礎在於漢語文，漢語文在女真先世缺乏具體資料可尋，《金史》載：「女真初無文字，及破遼，獲契丹、漢人，始通契丹、漢字，於是諸子皆學之。」〔註4〕大約是太祖時期始有漢文字的學習，且宗室諸子皆學習此二種語文。在後文中可以看到女真的宗室貴族中有些許是通漢文，雖然未必有多少程度的漢學，要以個別的學習狀況而定，但宗室諸子應有不少人懂得漢文。宗室諸子學習的狀況鮮少有具體的資料，教授者也未能完全了解，以金初太祖、太宗而言，應該是透過如楊璞、韓企先、劉彥宗之類而習得，同時又「訪求博學雄才之士」赴上京（會寧府）都城，以及將遼中京禮樂、儀仗、圖書、文籍等收往上京。〔註5〕對於北宋也大量地徵索圖書、文籍、至於指名索求蘇、

〔註3〕參見陶晉生，《女真史論》（臺北市，食貨出版社，民國70年），頁12〜19。
　　　　另見前揭姚從吾，〈女真漢化的分析〉。
〔註4〕參見《金史》（北京市，中華書局，1992年），卷66，〈完顏勗傳〉，頁1558。
〔註5〕參見《金史》，卷2，〈太祖紀〉，頁32、36。。

黃文集，《通鑑》等，將三館文籍及博通經術的太學生，漢學書與人才皆極力索取。[註6] 這些都顯示金初之際即有心於漢文化的吸收，且頗為積極，因此，金初的宗室貴族們接觸漢文化及研習漢學應有相當良好的條件，而當時的環境應是以其都城上京為主。

女真宗室貴族因其身份而有機會於研習漢學，他們遂成為第一批得以研習漢學之人。金初又利用宋朝的使節來教導漢學，如朱弁，在建炎初奉使至雲中，為粘罕（宗翰）拘留，而後可能轉往上京，直至紹興十三年（1143）因宋、金和議成始得回歸，他拘留金國期間時「金國名王貴人多遣子弟就學」。[註7] 建炎三年（1129）出使金國的張邵，所遭遇的情形與朱弁類似，他為金人拘送過幾處地方，後徙往上京，史稱：「其在會寧，金人多從之學」，[註8] 宋金議和成，與朱弁、洪皓同時歸國。洪皓以寫作在金國所見之《松漠紀聞》著名，他也是在建炎時派赴金國，至太原、雲中等地，當時在陳王悟室（完顏希尹）之地，「悟室敬皓，使教其八子」，[註9] 其後遷於燕京，未幾同張、朱歸國。上述三位南宋使節對金人而言正是研習漢學的良機，此可謂充分利用，得以教導宗室貴族及其子弟們；其他教導及研習的具體資料倒並不多見。總之，金初漢學的研習係來自遼、渤海、宋人的教導，而宗室貴族研習漢學應大有人在。以下為金初女真等北族之漢學：

1. 完顏勗

宗室。字勉道，本名烏野，為穆宗盈歌第五子；因好學問故國人稱之為秀才。北宋亡時，金兵入汴京，太宗以勗往勞軍，載書數車而歸。天會六年（1128）與修國史，採訪女真先世祖宗遺事，作成始祖以下十帝史書三卷，於熙宗時撰錄為《祖宗實錄》。八年，奏上《太祖實錄》二十卷，又曾作〈東狩

[註6] 索求北宋圖籍等，參考徐夢莘，《三朝北盟會編》（臺北市，大化書局，民國68年），〈靖康中帙〉第46，頁146。丁特起，《靖康紀聞》（臺北市，廣文書局，民國57年），頁26下，40下、41上～44下等。關於金初上京的漢學人士及其情形，參見董克昌，〈上京的金廷知識份子〉，收在《金史國際學術研討會專輯》（鄭州市，中州古籍出版社，1995年），頁324～326。

[註7] 參見《宋史》（北京市，中華書局，1990年），卷373，〈朱弁傳〉，頁11553。

[註8] 參見《宋史》，卷373，〈張邵傳〉，頁11556。

[註9] 參見《宋史》，卷373，〈洪皓傳〉，頁11559。完顏希尹使八子受教，則其八子當有漢學研習，可知名者有彥清、彥亨、彥隆、彥深四人，洪皓與之間有酬唱詩作，其情形參見趙永春，《金宋關係史研究》（吉林教育出版社，1999年），頁250～260。又本文未將完顏希尹諸子列入。

射虎賦〉獻於熙宗，能以契丹字作詩文，常作詩以見意。又撰《女直郡望姓氏譜》及文章甚多。仕至左丞相、監修國史，太保、領三省、領行台，太師、漢國王，海陵王時，領三省、監修國史、周宋國王。死於正隆二年（1157）。世宗時以其詩文、諫表甚有典則，下詔將其諫表入實錄，《射虎賦》詩文等鏤版刊行。〔註10〕

完顏勗好學問、讀書，以文史見長，其漢學之研習據宋人《神麓記》所說，係受學於主客員外郎范正圖，並說勗不過是「略通文義」而已，〔註11〕但以世宗刊行其詩文、諫章而言，應該是有相當的漢學學養，不至於僅「略通文義」而已。

2. 完顏宗秀

宗室，為上述完顏勗之子。字實甫，本名廝里忽，受宗磐之世襲猛安。曾任翰林學士、昭義軍節度使，贈金紫光祿大夫。史稱其「涉獵經史、通契丹大、小字」，〔註12〕可知其為漢學研習者。

3. 完顏胡十門

宗室。曷蘇館人。父撻不野，仕遼為太尉。胡十門仕至曷蘇館七部字堇，贈驃騎衛上將軍。其漢學研習僅止於「善漢語」，又通契丹大、小字。〔註13〕

4. 完顏宗憲

宗室，為國相撒改之子。撒改為穆宗盈歌之姪子，少年時選入學習女真字，兼通契丹、漢字。金攻破汴京時，宗憲獨取圖書以歸。朝廷議論禮樂制度，宗憲以為不當仍用遼朝之舊，宜「遠引前古」制成一代之法，即指參用漢法制作。熙宗時曾修國史，任門下侍郎、行臺平章政事。海陵王初時，曾任太原府尹，繕修府學，有興學之功。世宗時任西京、南京留守，後仕至右丞相。〔註14〕宗憲為漢學研習者之外，又為漢制之倡導。其修史如同前述之完顏勗，未能確定是否皆用漢文字而作。在《全金文》中收有宗憲二則〈上

〔註10〕參見《金史》，卷66，頁1557～1560。

〔註11〕參見苗耀，《神麓記》，收在李澍田，《金史輯佚》（長春市，吉林文史出版社，1990），頁18。

〔註12〕參見《金史》，卷66，〈完顏勗傳〉附載，頁1560。

〔註13〕參見《金史》，卷66，〈胡十門傳〉，頁1561、1562。

〔註14〕參見《金史》，卷70，〈宗憲傳〉，頁1615～1617。太原府興學事，見趙渢，〈太原府興學廟碑〉，收於閻鳳梧主編，《全遼金文》（太原市，山西古籍出版社，2002年），頁1755。

世宗尊號表〉，亦未能確定是其本人親筆所作或領銜署名而已，然其漢學當有相當程度則無疑，故宋人亦言其「好讀書，甚賢。」〔註15〕

5. 完顏宗雄

宗室，為康宗烏雅束之長子，本名謀良虎。宗雄於金初屢有戰功，受世襲千戶謀克，死後追贈封王，圖像於衍慶宮為功臣。宗雄好學嗜書，通契丹大、小字，金初與宗幹並行定制立法，與遼議和時，又與宗翰、希尹共同主持契丹、漢字之書詔等。〔註16〕宗雄為金初漢學研習者，能用漢文參議國書詔令，以及參用漢法漢制等，應有相當漢學基礎。宗雄同時亦為漢學之倡行者。

6. 完顏宗幹

宗室，為太祖庶長子，本名幹本。於金初攻遼極有戰功，太宗時為輔政大臣，熙宗時仍為重臣，與宗磐、宗翰並領三省事，主持朝政，同時完成中央集權，去除金初以來貴族將領之地方勢力。〔註17〕史稱宗幹於太宗朝輔政時，朝廷「始議禮制度，正官名，定服色，興庠序，設選舉，治曆明時，皆自宗幹啟之」，〔註18〕這些禮儀制度的創立啟發，無疑必是對漢文化有相當認知者始有可能，其中自涉及對漢學的研習，以宗幹而言，其受學情形未能確知，當是在上京所學，而後又能倡行付諸實施。

〔註15〕 參見閻鳳梧主編，《全遼金文》，頁 1232、1233。又金代中期名儒王寂，曾有〈上南京留守完顏公二首〉，考王寂於《金史》中無傳，據元好問《中州集》（臺北市，臺灣商務印書館，文淵閣四庫全書本）所載，王寂為海陵初進士，以文章顯於世宗時，見卷 2，頁 23 上。又據王寂《拙軒集》（臺北市，成文出版社，《九金人集》，民國 56 年）卷首所附《四庫全書總目提要》，知其卒於章宗初明昌年間，見頁 2 上、下。其詩見卷 2，頁 14 下、15 上。以王寂生卒年間任南京留守而姓完顏者，查閱吳廷燮，〈金方鎮年表〉，收於《二十五史補編》（北京市，中華書局，1998 年），第六冊，於世宗、章宗年間僅有完顏宗憲、完顏宗尹二人，皆在世宗初年時，見頁 8212。以王寂在二首詩中所述，應以宗憲較為妥適，可參比註 14，〈宗憲傳〉，並卷 73，〈宗尹傳〉，頁 1674～1617。若所析論者不誤，又可証宗憲之漢文學水準，能讀詩復能理解詩句之典故與意義。宋人言其「好讀書，甚賢」，見洪皓，《松漠紀聞》（臺北市，廣文書局，民國 57 年），卷上，頁 4。

〔註16〕 參見《金史》，卷 73，〈宗雄傳〉，頁 1678～1680。

〔註17〕 金初中央與地方貴族將領之關係，以及宗幹策劃完成中央集權之過程，參見拙作，〈金初的功臣集團及其對金宋關係的影響〉，收於《遼金元史論文稿》（臺北市，槐下書肆，2005 年），頁 93～119。

〔註18〕 見《金史》，卷 76，〈宗幹傳〉，頁 1742。

7. 完顏充

宗室，為宗幹之子，本名神土懣。與海陵帝為異母兄弟，熙宗朝封王，仕至左丞相。〔註 19〕完顏充與海陵帝同時受學於臨潢張用直，用直少時即以學行稱著，故為宗幹延置於門下，教授諸子漢學。〔註 20〕洪皓《松漠紀聞》載嗢熱（兀惹）部李靖事，言李靖之妹金哥為「金主之伯固硚側室，其嫡無子，而金哥所生今年約二十餘，頗好延接儒士，亦讀儒書。以光祿大夫為吏部尚書。其父死，託宇文虛中、高士談、趙伯璘為誌」。〔註 21〕洪皓所記正在使金被拘留期間，金主為熙宗，「伯父固硚」之固硚，係指「國論‧勃極烈」之「國論」，熙宗伯父輩為太祖之子，即熙宗父宗峻（景宣皇帝，太祖次子）之兄者是為宗幹，宗幹於太宗時為國論勃極烈，後為國論左勃極烈，正與《金史》所載符合。故之洪皓所記「金主伯父固硚」之子即為完顏充。〔註 22〕

8. 完顏希尹

完顏部人，為歡都之子，本名谷神。歡都之祖石魯，與皇族先世之昭祖同時，景祖時，石魯之子劾孫舉部來歸，歡都為劾孫之子，於太祖前四朝先世卓有功績，以其在金初建國而言，歡都與太祖同輩份或略高且為政權之核心人物。〔註 23〕希尹家世顯赫，於金初開國立有戰功，後多隨宗翰攻遼、宋。熙宗時仕至左丞相、封陳王，與宗幹共誅太宗子宗磐，但後為熙宗以「心在無君、言宣不道」而賜死。希尹除去建國功績之外，另有重要貢獻即製作女真大字，史載其奉太祖命「撰本國字，備制度。希尹乃依漢人做楷字，因契丹字制度，合本國語，製女直字」。〔註 24〕宋人徐夢莘記載說：「兀室（希尹）奸猾而有才，自製女真法律、文字」〔註 25〕，能做漢字自當有漢語文基礎。在希尹的〈神道碑〉中記載金兵陷汴京時，將帥皆取珍寶，唯希尹先收宋朝

〔註 19〕參見前註，頁 1744。
〔註 20〕參見《金史》，卷 105，〈張用直傳〉，頁 2314。
〔註 21〕見洪皓，《松漠紀聞》，卷上，頁 7。
〔註 22〕洪皓使金居留期間為建炎三年（1123）至紹興十三年（1143），正當金太宗、熙宗二朝，見前揭〈洪皓傳〉。宗幹事參見前揭〈宗幹傳〉，其死於皇統元年（1141），見《金史》，卷 4，〈熙宗紀〉，頁 77。熙宗父宗峻；「帝（景宣）與兄宗幹率宗室群臣立太宗」，見卷 19，〈世紀補〉，頁 407。
〔註 23〕參見《金史》，卷 68，〈歡都傳〉，頁 1591～1595。
〔註 24〕完顏希尹之生平及製女真字，見《金史》，卷 73，〈完顏希尹傳〉，頁 1684～1686。
〔註 25〕見徐夢莘，《三朝北盟會編》，甲編，〈政宣上帙三〉，頁 28。

圖籍，又載其「性尤喜文墨，征伐所獲儒士，必禮接之，論以古今成敗」，以儒士教授諸孫幼學等。〔註26〕在上文曾提及希尹以宋使洪皓於府中教授其諸子之事，此與〈神道碑〉所載合。希尹當熟於書史，亦頗為自負，「自謂不在張良、陳平之下」，〔註27〕故其本人是漢學研習者之外，又是漢學之倡行者。

9. 完顏宗翰

宗室，國相撒改長子，宗憲之兄，本名粘沒喝（粘罕）。金初滅遼、宋功臣，與宗幹等議立熙宗，權傾一時，為金初山西方面軍統帥，仕至都元帥、領三省事。〔註28〕宗翰漢學研習情況欠詳，雖然在史料中如《三朝北盟會編》記載宗翰多次與宋人間之言談對話，有時是透過翻譯，有時也能直接與宋使對話，應有漢語文的研習。〔註29〕此外，在靖康元年八月，宋使李若水往山西軍前見宗翰議和時，宗翰曾舉詩一聯：「近來漸覺家風好，兒讀書聲女織聲」，〔註30〕文句樸實無飾，頗能表示北族直簡之風。史籍中又收載有〈粘罕獄中上書〉，〔註31〕恐與史事不合，暫不論。宗翰研習漢學，大約粗具語文基礎，史籍中曾載靖康元年十二月，宋使議和降表，宗翰改動其文字：

> 粘罕抹去「大金」二字，止稱皇帝，又抹去「大宋皇帝」四字，止稱大金為皇帝，而不自為國號；又改「負罪」為「失德」；又稱「宇宙」二字云：大金亦宇宙也，改為「寰海」。〔註32〕

若所載為宗翰親自主持降表文句之更改，則其理解漢字文義之程度尚具相當水準。宗翰在宋人記載中言其「應答琅琅」，又言其「自謂用兵過孫、吳」等，應是機敏且知書史之人傑。〔註33〕

〔註26〕參見王彥潛，《完顏希尹神道碑》，收在《金碑匯釋》（吉林文史出版社，1989年），頁80、82。

〔註27〕參見前揭，《神麓記》，頁19。

〔註28〕參見《金史》，卷74，〈宗翰傳〉，頁1693～1699。

〔註29〕宗翰與宋使談話商議事頗多，如馬擴〈茆齋自敘〉載其與宗翰並轡射獵，即透過譯者言語，見《三朝北盟會編》，〈政宣上帙二十二〉，頁甲212。其餘不詳列舉。

〔註30〕見《三朝北盟會編》，〈靖康中帙三十〉，頁甲544。

〔註31〕見《三朝北盟會編》，〈炎興下帙七十八〉，頁丙518～519。

〔註32〕見《三朝北盟會編》，引《宣和錄》。〈靖康中帙四十六〉，頁乙140。

〔註33〕參考前註，頁乙142。另見〈靖康中帙七十一〉引丁特起，《孤臣泣血錄拾遺》頁乙375，石茂良，《避戎夜話》頁乙390。

10. 完顏宗望

宗室，本名斡魯補，又作斡离不。太祖次子，金初建國攻戰極有功績，與宗翰齊名，為華東方面軍統帥，仕至左副元帥。〔註34〕宗望漢學之研習情形類似宗翰，資料欠明確，但由相關史籍中可略窺些許。沈琯《南歸錄》宗望「國王略能漢語，有時作番語」，並記載二人間之對話。〔註35〕宗望與宋使交涉談話尚有多處，不再贅述。大約與宗翰近似，有漢語文基礎，粗淺之漢學。

11. 完顏宗磐

宗室，為太宗長子，本名蒲魯虎，金初建國有戰功。熙宗時與宗幹、宗望並領三省事，後與宗雋、撻懶共謀廢劉豫而和宋，以宗幹等告以陰謀作亂被誅。〔註36〕熙宗初，於天會十四年（1136），宗磐等上議廟號，全文載於《金史》。〔註37〕其文筆典雅潔暢，若為宗磐親筆，則其漢學水準頗高，通經史、禮學；若係領銜上議，也應通漢語文之義理。

12. 完顏宗弼

宗室，本名斡啜，又作兀朮或斡出、晃斡出，為太祖第四子。金初建國有戰功，熙宗初為右副元帥，封滕王，後進拜都元帥領燕京行省，誅除宗磐、撻懶為主力人物，又為紹興議和前攻南宋之統帥。仕至太師、領三省事、都元帥領行台尚書省。〔註38〕宗弼之漢學，史籍中多載其致宋高宗書、與秦檜書、諡號議、臨終遺府帥書等，〔註39〕但諸書函未必出自宗弼親作，暫不歸入其漢學作品。大約是能懂得漢語文，但卻有所作〈鏡銘〉：「體離之虛，得坤之方。假爾無思，驗我有常」。〔註40〕文詞雋永，意味深長。以此作而言，宗弼的漢學頗有程度。

13. 烏陵思謀

合蘇館女真，本名撒盧母；烏陵氏為女真微賤氏族。思謀字仲遠，漢名字為所俘洛陽進士吳鼐（鼏）、蘇閤（闔）所立。思謀為宗翰所用，以為腹心

〔註34〕參見《金史》，卷74，〈宗望傳〉，頁1700～1706。
〔註35〕參見《三朝北盟會編》，〈靖康中帙一〉，頁甲252。
〔註36〕參見《金史》，卷76，〈宗磐傳〉，頁1729、1730。
〔註37〕參見《金史》，32，〈禮志五〉，頁774、775。
〔註38〕參見，《金史》，卷77，〈宗弼傳〉，頁1751～1756。
〔註39〕參見《全遼金文》，頁1199～1222。
〔註40〕參見閻鳳梧、康金聲主編，《全遼金詩》（太原市，山西古籍出版社，2001年），上冊，頁190。

策士，「奸狡多慮，善於周身，女真之中素稱辯慧，機術至深可取」。宋宣和年間曾至汴京議和，金天眷元年（1138）使宋，談論歸劉豫齊國之地等議和事。〔註41〕思謀應曾研習漢語文，宋降金的名士宇文虛中曾有〈上烏林天使〉詩三首，〔註42〕以虛中與思謀所處時間相同，金初烏林（陵）氏並未見有他人，且其題為使臣（天使）當指思謀而言，詩文中所述亦頗合思謀之經歷作為等。〔註43〕故知思謀有漢學詩文之學養。

14. 納合椿年

女真部族人，西京女直字學出身，後選送上京，受教於教授耶魯，轉習經史。熙宗時參與編定新制，海陵帝時曾任修起居注、翰林學士，授世襲猛安，仕至參知政事，曾推薦紇石烈良弼，後為世宗朝良相。「椿年有宰相才，好推輓士類，然頗營產業，為子孫慮」。〔註44〕椿年之漢學研習與漢士相同，以經史為本，又能「編定新制」，可視之為儒者。

15. 夾谷謝奴

隆州納魯悔河人，祖阿海率部歸附，父不剌速字董從太祖伐遼，授世襲猛安。謝奴通女直、契丹大、小字及漢字，襲父猛安謀克，後仕至工部尚書，平涼府尹、昭義軍節度使。〔註45〕其漢學情形不詳，但頗有語文才份，是為漢學研習者。

16. 孛朮魯忠孝

女真族人，身世不詳。《山左金石志》載有道士劉長生〈上孛魯驃騎節使〉詩，及東牟學正范懌和詩各一首，刻石立碑者為「驃騎衛上將軍前顯德軍節度使兼潘州管內觀察使上護軍廣平郡開國侯食邑一千戶食實封一百戶致仕孛

〔註41〕烏林思謀傳記資料參見張匯，《金虜節要》，收於《三朝北盟會編》，〈炎興下帙七十八〉，頁丙520。使宋議和事見頁丙570、571。另可參見宇文懋昭，《大金國志》（臺北市，臺灣商務印書館，民國57年），中冊，頁204、205，有〈烏陵思謀傳〉。

〔註42〕宇文虛中詩見《全金元詩》，頁121、122。宇文虛中事見《宋史》（北京市，中華書局），卷71，〈宇文虛中傳〉，頁11526～11529。又宇文虛中於《金史》中亦有傳，見卷79，頁1791、1792。

〔註43〕烏陵思謀議和事又可見於前註《宋史》，〈王倫傳〉，頁11522～11524。

〔註44〕納合椿年傳參見《金史》，卷83，頁1872、1873。由女直學轉習經史，參見卷一百五，〈溫迪罕締達傳〉，頁2321。

〔註45〕參見《金史》，卷81，〈夾谷謝奴傳〉，頁1871。

尤魯忠孝」，〔註46〕故知孛尤魯忠孝能通詩文。范懌另有〈掖縣孛尤魯園亭碑〉，碑文中言「驃騎節使」即孛尤魯忠孝，言忠孝仕至太子少詹事，累遷至潘州節度使，即指顯德節度兼觀察使，而文中載忠孝自述與碑石官爵符合，並言其「日與羽流禪客、詩人逸士、抨碁酌酒，撫琴分茶，逍遙游宴於其中」。〔註47〕由上可知忠孝除漢學詩文有相當程度，且對釋道二家思想應亦有其基礎。

17. 完顏（耶律）元宜

契丹族人，本名阿列，一名移特輦。其父慎思降金，因功賜姓完顏。元宜於海陵帝伐宋時為浙西道都統制，與南征諸將刺殺海陵帝於前線。後仕至平章政事。元宜並無具體的漢學記載，但《大金集禮》中收有〈增上睿宗諡號議〉，〔註48〕雖是由尚書省集百官議定，但具銜的元宜應有漢學基礎始能通識所議。

18. 耶律恕

遼宗室，橫帳秦王之族，本名耨里。金初攻伐有戰功，海陵帝時仕至參知政事，太子少保。史稱其「喜讀書，通契丹大小字」。〔註49〕知其為漢學研習者。

19. 耶律固

契丹族人，身世未詳。《金史》載其曾任廣寧府尹，「奉詔譯書」，當是指譯漢文典籍，於太宗天會三年時使宋，又作《遼史》，但未完成，後由其弟子蕭永祺繼之完成。〔註50〕能譯書、作史等，知耶律固應有相當程度之漢學。

20. 移剌（耶律）成

契丹宗室。於太宗時有戰功，海陵帝時為統軍將領，世宗初仕至樞密副

〔註46〕參見國家圖書館善本金石組，《遼金元石刻文獻全編》（北京市，北京圖書館出版社，2003 年），第一冊，頁 651。

〔註47〕參見范懌，〈掖縣孛尤魯園亭碑〉，收於張金吾輯，《金文最》（臺北市，成文出版社，民國 56 年），卷 38，頁 11 下、12 上。該文立碑於世宗大定二十九年（1189），碑文中孛尤魯忠孝自道其致仕時已「壽逾七十」，而後卜居東萊，「以為修真養浩之所」，故知其當為金初時人。

〔註48〕參見《金文最》，卷 29，頁 3、4。

〔註49〕參見《金史》，卷 82，〈耶律恕傳〉，頁 1840、1841。

〔註50〕參見《金史》，卷 125，〈蕭永祺傳〉，頁 2720。使宋事見《金史》，卷三，頁 52、53。

使、北京留守。史稱其通契丹、漢字，〔註51〕是為漢學研習者。

21. 蕭永祺

字景純，本名蒲烈。「少好學，通契丹大、小字」。疑其為契丹族人，所學應為漢學。當耶律固奉詔譯書時，辟永祺於門下，「因盡傳其業」，則永祺漢學更加增進而具相當水準，因之耶律固修《遼史》未成，而永祺能繼之作成，所作《遼史》，有〈紀〉三十卷、〈志〉五卷、〈傳〉四十卷。永祺於海陵帝時深受禮重，曾任同修國史，為其專長本業，又任侍講學士、翰林學士等職，可見其漢學受朝廷所重。〔註52〕

22. 蕭 肄

奚族人，得寵於熙宗與悼平皇后，累官至參知政事，因恃恩幸，傲視朝中大臣，得罪海陵帝，後海陵帝即位，指責其誣害張鈞，除名禁錮於田里。張鈞為熙宗時翰林學士，宮廷因雷電引火，熙宗欲下詔罪己，張鈞起草文字有「惟德弗類，上干天威」及「顧茲寡昧，眇予小子」等語，蕭肄加以曲解，以為「弗類是大無道，寡者孤獨無親，昧則於人事弗曉，眇則目無所見，小子嬰孩之稱。此漢人託文字以詈主上也」，張鈞因之被害。〔註53〕由蕭肄對張鈞文句的解讀，可見其頗具漢文字之學識，但為報熙宗之寵，不惜曲解文義而害人，熙宗本人研習漢學，竟未能謙虛明察，其智慮實有局限。

23. 蕭仲宣

契丹族人，本名野里補，為蕭仲恭之弟，父、祖皆為遼大臣。仲恭於金初仕至尚書右丞相、太傅、領三省事，燕京留守等。仲宣歷仕順義等四鎮節度使，百姓曾為之立祠刻石敬頌。史稱仲宣「聰敏好學」，當是漢學研習者。〔註54〕

24. 蕭 玉

奚人，海陵帝時初為尚書令史，參與海陵帝及蕭裕共謀誅除太宗諸子，故得喜愛。後仕至左丞相，判大宗正事、御史大夫。世宗初曾放歸鄉里，後

〔註51〕參見《金史》，卷91，〈移剌成傳〉，頁2015、2016。
〔註52〕參見註50，〈蕭永祺傳〉。
〔註53〕參見《金史》，卷129，〈蕭肄傳〉，頁2779。
〔註54〕參見《金史》，卷82，〈蕭仲恭附仲宣傳〉，頁1850、1851。

召為節度史、府尹等官。海陵帝時因企圖南侵攻宋，問及是否讀書，蕭玉言「亦嘗觀之」，可知其有漢學基礎。〔註55〕

25. 赤（石）盞暉

字仲明，後曾改為張姓（張暉），家居於來州。少年遊學於鄉校，於遼末為將。金初降金為刺史，從伐宋，有戰功，攻餘杭時，取得《資治通鑑》版載歸。熙宗時為節度使，海陵帝時為尚書左丞、知府。〔註56〕暉為漢學研習並倡行者。

26. 冀國公主

皇族完顏氏，失其名字，當為熙宗之女。有詞二首留傳，知有相當文學造詣，見於《全金元詞》中，〔註57〕錄下以為參考：

其一，為遊靈源山〈驀山溪〉詞：

楚峰遠眺，山嵐凝芳樹。禾黍正離離，立西風、雲煙向暮。青松瑟瑟，風送短笛聲，寒溪畔，翠微間，依約人間住。　靈源待月，襟袖涼微度。把酒問青天，廣寒宮，知何處。中元吟賞好，預作中秋歸興逸，欲乘鸞，竟得神仙趣。

其二，仍為遊山作〈朝中措〉：

倦跡遊蹤查無憑，寥落過山城。客館蒲蒲夜雨。披襟鳳燭青熒。　追思往事，十年一夢，堪笑堪驚。冉冉隙駒光景，依依嚼蠟心情。

公主之詞婉約清新，同樣遊同山，前詞寫景趣，後詞寫心情，詞句間採宋人東坡詞句，亦可知公主熟諳宋詞。

以上初步列出金代初期北族之漢學人士，另外尚有數人資料，但名字未載，或推斷應為知漢學之人，列之如下，則初期漢學當有33人。

27.28.29. 李靖父子三人

李靖為嘔熱者國（兀惹部）人，金初千戶（字董），於太祖末使宋，仕至光祿大夫、同州知州。宋人洪皓使金被拘留，與靖相知，推斷李靖應是知漢

〔註55〕參見《金史》，卷76，〈太宗諸子〉，附〈蕭玉傳〉，頁1734～1736。

〔註56〕參見《金史》，卷80，〈赤盞暉傳〉，頁1805～1807。

〔註57〕冀國公主見《金史》，卷64，〈后妃傳下〉，章宗欽懷皇后蒲察氏，父鼎壽為熙宗鄭國公主駙馬，欽懷后「就養於姨冀國公主」，故推知冀國公主應是熙宗之女。見頁1526。詞作見唐圭璋，《全金元詞》（臺北市，洪氏出版社，民國68年），頁596。

學之士。靖有二子，「習進士舉」。〔註58〕所指李靖二子未載名，當為漢學研習者。

30. 完顏某

據《金文最》所載錄，有署姓完顏但缺名者作〈仰天山記〉。記中言其於皇統丙寅年（六年）為總帥諸郡，文中其餘資料仍無法得知其名字。〔註59〕然作者漢學研習有頗佳的文學水準。

31. 完顏某

據《金文最》所載錄，有署姓完顏，同上述為缺名之作者，作〈擬江樓記〉，地在河東北路保德軍，文中言擬江樓在軍署之北，「依城為樓，下瞰黃河」。作者調官來此，言「太守迺皇族」，與僚屬宴飲，因命作者為文。〔註60〕作者與州刺史皇族皆未知其名，暫以作者為初期漢學之女真文人。

32. 耶律資讓

家世不詳，應為契丹人。據金代中期趙渢所作〈太原府學文廟碑〉所言，太原府學因兵革之際，蕩毀不存，天會九年（1131）時耶律資讓任教於此，以館舍不修為歎，於是取舊有館舍餘材加以整建而成。可知資讓通漢學、又有興學貢獻。〔註61〕

〔註58〕 參見洪皓，《松漠記聞》，卷上，頁6、7。李靖使宋，見《大金國志》，卷2，天輔六年（1123）正月，同行者有寧朮割、王度剌、撒母盧。見頁13。《三朝北盟會編》亦載此事，見〈宣政上帙十三〉，宋宣和五年（1123）正月，頁甲117。然《國志》所載當為金太宗天會二年（1124）事，前一年為天會元年，即天輔七年，宋宣和四年，李靖於年底時曾使宋，為告哀使，以太祖崩於八月故，《金史》載「遣字董李靖如宋告哀」，見卷3，〈太宗紀〉，頁49，又見於卷60，〈交聘表上〉，頁1390。《會編》載李靖使宋為宣和四年十一月及十二月數次。

〔註59〕 參見完顏（佚名），〈仰天山記〉，收於《金文最》，卷11，頁16上、下。以文所述地理，在山東東路，益都府總管府轄七縣，其中有臨朐，故文中言「越自臨朐、歷五井而西」，作者又言「皇統丙寅四月，於披命總帥諸郡」，故知其在熙宗皇統六年（1146）時為山東東路總帥。地理見《金史》，卷25，〈地理志中〉，頁609。金初，若為受賜姓完顏之漢人且為地方總帥者尚未及見，故暫訂之為女真人。

〔註60〕 參見〈擬江樓記〉，收於《金文最》，卷13，頁11上、下。所言保德軍，見《金史》，卷26，〈地理志下〉，頁633。保德軍為宋之軍號，金世宗大定二十二年升為州，故此前當仍以宋所設之軍號為稱，因此訂於前期漢學作品。

〔註61〕 參見《金遼金文》，中冊，頁1755。

33. 耶律隆

家世不詳，應為契丹人。據明代安世鳳〈碑院重修記〉所記，太學石經因北宋喪亂，淪落於燕京，但亦漸漬而不能存。海陵帝正隆四年（1159）時，耶律隆新作修整，使石經得以長存於後世。〔註62〕故耶律隆為漢學研習並倡行者。

三、中期之漢學

金初建國得遼、宋漢人，即展開漢語文之學習，漢學的傳佈研習多在宗室、貴族之間。加以太宗、熙宗採用漢法、漢制，促使漢學風氣在朝廷漸趨盛行。中期海陵、世宗、章宗諸帝，本身漢學皆有相當水準，亦有作品成果留傳，宗室諸子孫的漢學研習甚為普遍。制度、風氣與環境都有利於北族漢學研習的增長。

1. 完顏允恭

宗室，本名胡土瓦，為世宗次子，賜名允迪，並立為皇太子，即宣孝太子，死後追諡為顯宗。允恭專心於學問，常與諸儒臣講議，「燕閑觀書，乙夜忘倦，翼日輒以疑字付儒臣校證」，足見其勤奮好學。又受學於賢儒鄭松，甚得世宗喜愛，曾與世宗引《詩》論事，世宗巡幸上京，以允恭守國參決政務，授以「守國之寶」，可見授任之親重，但未繼皇位先世宗而死。〔註63〕允恭身受漢學教養，又重視以德行、才學之士教導其子，於監國時重科舉取士等，足見其所受漢學頗深。

金人劉祁《歸潛志》言允恭「好文學，作詩善畫，人物、馬尤工，迄今人間多有存者」，〔註64〕知允恭以文學、藝術著名。其文學作品並篆刻有〈重光座銘〉，但今可見者為〈請削去明肅帝封號疏〉，〔註65〕明肅帝為海陵帝之父完顏宗幹，原追贈為德宗，世宗繼海陵帝皇位後改諡為明肅皇帝，允恭以

〔註62〕參見安世鳳，《墨林快事》（濟南市，齊魯書社，《四庫全書存目叢書》，1995年），卷9，〈金元〉篇，頁340。
〔註63〕參見《金史》，卷19，〈世紀補〉，頁410～416。重視宮廷教育及科舉取士，可參見卷98，〈完顏匡傳〉，頁2163～2166。
〔註64〕參見劉祁，《歸潛志》（北京市，中華書局，1997年），卷第一，頁3。
〔註65〕參見《全遼金文》，頁1735。另見《金史》，卷76，頁1743。〈重光座銘〉見《金史》，卷19，〈世紀補〉，頁416，史載允恭文刻座右銘於玉碑，並刻其碑陰，「皆深有理致」，則又知能工藝篆刻。

為海陵帝乃大逆之罪，既廢為庶人，則其父宗幹不宜仍居明肅帝號，故上疏言削帝號，朝廷遂將宗幹改封為遼王。〔註66〕

允恭詩作今可見二首於《中州集》，〔註67〕其一為〈賜石琚右相琚生日之壽〉，自註作於大定辛酉年（恐有誤，大定無辛酉年，見後註。）承華殿。詩句如下：

> 黃閣今姚宋，青宮舊綺園。
> 繡綈歸里社，冠蓋畫都門。
> 善訓懷師席，深仁寄壽尊。
> 所期河潤溥，餘福被元元。

石琚為世宗朝名臣，博通經史、工詞章，熙宗朝進士，仕至右丞相，於禮儀制度、舉賢任事頗多建樹，故允恭喻之為唐朝盛世之姚崇、宋璟。史載石琚致仕歸鄉里後，世宗甚為懷念，而允恭亦思念，「因琚生日，寄詩以見意」；所言即指此詩。〔註68〕

允恭詩其二為〈闕題〉，詩句如下：

> 心與寥寥太古通，手隨輕籟入天風。
> 山長水闊無尋處，聲在亂雲空碧中。

此詩據元好問註語以為詩題是〈風箏〉，故《金詩紀事》、《全遼金詩》皆以詩題為〈風箏〉。〔註69〕

允恭不惟好詩史儒學，於文學上有所表現，又於藝術上除篆刻外以書畫稱著。元末陶宗儀《書史會要》中載允恭「家藏法書名畫，幾與中祕等。嘗學書於任詢，工真、草書」。〔註70〕一則說明允恭好書畫，亦收藏名家作品，所藏幾乎與宮廷祕藏相當，一則說明其書法受學於名家任詢，長於真、草書。任詢於《金史》有傳，言其：

> 評者謂書為當時第一，畫亦入妙品。畫高於書，書高於詩，詩高

〔註66〕其事參見前註《金史》。

〔註67〕見元好問，《中州集》（《文淵閣四庫全書》），卷首，頁1上、下。

〔註68〕石琚見於《金史》，卷18，〈石琚傳〉，頁1958～1963，傳中載石琚死於大定二十二年（1182）。大定年中號中並無「辛酉年」，辛酉年為章宗泰和元年（1201），而大定有「辛丑」，為大定二十一年（1181），即石琚死前一年，疑《中州集》所載允恭詩之自註「辛酉」有誤。

〔註69〕陳衍，《金詩紀事》（臺北市，鼎文書局，民國60年），卷1，頁6上。《全遼金詩》，見中冊，頁907。

〔註70〕見陶宗儀，《書史會要》（上海市，上海書店，1984年），卷8，頁353。

於文。然王庭筠獨以其才具許之。……家藏法書名畫數百軸。〔註71〕

任詢為文學之士，書畫絕高，書法既為當時第一，允恭從其學書，當得名師書法，又「畫高於書」，則其畫更當為首選，而名書家王庭筠對之又推崇備至，任詢書畫應與王庭筠不相上下，皆為金代書畫家之首。〔註72〕允恭書法資料不多，金人王寂有〈宿僧寺〉詩，序文中言及允恭為皇子時，從世宗駐蹕遼東，曾於寺塔題字，但未能見得真跡。〔註73〕章宗時下詔收藏允恭之書法翰墨，想必有不少真跡存於當時，趙秉文曾為此作銘。〔註74〕

允恭書法得自於名家任詢，其畫藝或應習於任詢，雖文獻未明載其畫學淵源，但以任詢「畫亦入妙品」、「畫高於書」等，《圖繪寶鑒》亦言「山水亦佳，（不）在王子端（庭筠）之下」，又言顯宗「畫獐鹿人馬，學李伯時，墨竹自成一家，雖未臻神妙，亦不涉流俗」，所指李伯時為李公麟，「為宋畫中第一照映前古者也」。〔註75〕允恭從其學書，亦應從其學畫，並師法北宋名家李公麟。這是元代鑑賞家的看法。元儒劉因有〈金太子允恭唐人馬〉、〈金太子允恭墨竹〉等詩，〔註76〕詩文感慨金源文物，女真受漢文化浸潤之藝術表現，而當時劉因尚能見到允恭畫馬、竹等作品。另外，元人有王惲、盧亘、張翥、張仲壽等人，皆有為顯宗墨竹題詩，以及王逢所見的百駿圖等。〔註77〕此外，允恭亦畫人物，長春真人丘處機即見過允恭所畫之莊子像，並有詩句云：「顯宗好道富年壯，手筆南華古形狀」。〔註78〕得知允恭畫作人物而好道

〔註71〕見《金史》，卷125，〈任詢傳〉，頁2719。

〔註72〕王庭筠見《金史》，卷126，〈王庭筠傳〉，頁2732。傳中言其書法學米元章（芾），與趙渢、趙秉文「俱以名家」，又善於山水、墨竹畫。《書史會要》言庭筠書法「論者謂其胸次不在（米）芾下」，又言任詢「書為當時第一」，見頁355。

〔註73〕參見王寂，《拙軒集》（臺北市，成文出版社，《九金人集》），〈補遺〉，頁1上、下，

〔註74〕參見趙秉文，《滏水集》（《九金人集》本），卷16，頁4上～5下。

〔註75〕見夏文彥，《圖繪寶鑒》（北京市，中華書局，1985年），卷4，頁79。其任詢條載「草書入能品，山水亦佳，在王子端下」，恐漏「不」字，於「在王子端下」前。李公麟，見卷3，頁33，顯宗師法李公麟畫，見卷四，頁79。

〔註76〕參見劉因，《靜修先生文集》（上海市，上海商務印書館，《四部叢刊初編》本），卷4，頁27，卷5，頁31，卷13，頁62。

〔註77〕參見蕭啟慶，〈元代蒙古人的漢學〉，收於氏著《蒙元史新研》（臺北市，允晨文化實業股份有限公司，民國83年），頁183。王逢所見允恭的百駿圖已不全，見《梧溪集》（《知不足齋叢書》本），卷5，頁37下、38上，〈金世宗太子允恭百駿圖為舒德源題〉。

〔註78〕見丘處機，〈題劉節使所藏顯宗御畫莊子〉，收於《全遼金詩》，中冊，頁1000。

家之學，並不廢三教之說。

2. 孝懿后徒單氏

顯宗允恭之后，女真貴族徒單氏，金初名將婆盧火之孫女，父徒單貞為宗幹女婿。徒單氏為允恭太子妃，生子完顏璟，後繼世宗皇位為章宗。史載孝懿后「好詩書，尤喜老莊，學純淡清懿，造次必於禮」。〔註79〕是知徒單氏與允恭太子皆好儒、道二家之學。

3. 完顏光英

宗室，本名阿魯補，海陵帝之子，曾立為皇太子。海陵帝擇碩德宿學之士為太子師，俾使光英「庶知古今，防過失」，誦讀《孝經》能有疑悟。後因海陵帝攻宋死於軍前，光英則被殺於汴京，死時年十二。〔註80〕

4. 完顏永（允）功

世宗子，本名宋葛，又名廣孫。世宗時仕北京、東京留守，判大宗正事。章宗時歷判平陽、太原、中山等府事，進封越王，死於宣宗時。史載永功「涉書史，好法書名畫」。〔註81〕知其研習儒學、好藝術。

5. 完顏永（允）成

宗室，世宗子，本名鶴野，又名婁室。世宗時曾留守中都，仕御史大夫，甚得愛重。章宗時曾判太原、平陽府，進封豫王，誕辰時章宗親賜御詩，當世榮之。史稱其博學，善屬文，師事太學博士王彥潛。永成自幼即喜讀書，「晚年所學益醇，每暇日引文士相與切磋，接之以禮，未嘗見驕色」。知其漢學宜有相當水準，待人接物涵養甚為謙厚，自號「樂善居士」，有文集行於世。〔註82〕

《歸潛志》言允成「好文，善詩歌，有《樂善老人集》行於世」。〔註83〕其文學專長並其文集於金末尚存。允成善畫，與其兄允恭太子皆以善畫墨竹聞名，元代畫家頗有畫墨竹學自永功，如顧正之、范庭玉、韓紹曄、張敏夫

王惲，《秋澗集》，卷27，〈顯宗畫三教晤言圖〉，五首詩，可知允恭曾畫三教圖，見頁11下、12上。
〔註79〕參見《金史》，卷64，〈后妃傳下〉，頁1524～1526。
〔註80〕參見《金史》，卷82，〈海陵諸子〉，頁1852～1854。
〔註81〕永功事見《金史》，卷85，〈世宗諸子〉，頁1902～1904。
〔註82〕參見前註，頁1906～1908。
〔註83〕見《歸潛志》，卷第1，頁4。原書將允（永）成寫作「允中」，崔文印於按語中已指出。

諸人，效法允恭太子者有劉氏（佚名），〔註84〕看來永功墨竹在元代似較允恭為著，學習其畫藝者較多。允成畫藝高妙為史書所未載，殊為可惜，史書推崇允恭太子固為宜恰，論者亦多尊譽之，而允成之漢學水準及成就應不在允恭之下，惜其文集未能留傳。

6. 完顏永元

宗室，字惇禮，本名元奴，為宗幹之子。世宗時歷任節度使，治績稱著，其民為之立祠。史稱其「幼聰敏，日誦千言」，熙宗皇統元年（1141），試宗室子弟作詩，永元中格，知其有文學，又「善左氏春秋，通其大義」，於經史有水準。〔註85〕

7. 完顏琮

宗室，本名承慶，為顯宗允恭之子。性寬厚、好學，世宗以名士納坦謀嘉為其師，通習女真小字、漢字。琮善於吟詠，「至于騎射、繪塑之藝，皆造精妙」。章宗時封郯王，世襲猛安。〔註86〕完顏琮有文武兼具之才藝。

8. 完顏瓛

宗室，本名桓篤，為顯宗之子，琮之同母弟。章宗時封瀛王。史稱其「重厚寡言，內行修飭，工詩，精於騎射、書藝、女直大、小字。」〔註87〕瓛與琮兄弟皆為文武之資，於漢學亦皆有相當水準。

9. 完顏玠

宗室，本名謀良虎，為顯宗之子。章宗時封溫王，死時年十一。史稱其幼年穎秀，性溫厚而好學。〔註88〕年雖幼少，也是漢學研習。

10. 完顏守忠

宗室，宣宗長子，曾立為皇太子（莊獻太子），貞祐南渡時宣宗遷都於汴京，守忠留守中都，旋即至汴京，次年死於汴。宣宗立守忠為皇太子，注重

〔註84〕參見《圖繪寶鑑》，卷5，頁84、85、91各人物條。其中張敏夫「喜畫墨竹，學顧正之」，而顧正之「善墨竹，學樂善老人，有酷似處，人莫能辨」，則張敏夫亦可謂學自允成樂善老人。

〔註85〕參見《金史》，卷76，〈完顏永元傳〉，頁1744～1746。

〔註86〕參見《金史》，卷93，〈完顏琮傳〉，頁2056。

〔註87〕參見同前註。

〔註88〕參見同前註，頁2058。

東宮教育，曾說守忠「汝讀書人」，當指研習漢學而言。〔註89〕

11. 完顏阿鄰

宗室，為宗雄之子，宗雄於上文前期漢學已言及。阿鄰於熙宗時已歷任諸鎮節度使，海陵帝時參與南侵攻宋，世宗時為兵部尚書，往征耶律窩斡之叛，還師時死於途。阿鄰「穎悟辯敏，通女直、契丹大小字及漢字」，可謂為漢學研習者。〔註90〕

12. 完顏宗道

宗室，本名八十，景祖族系，訛論太尉之子，阿離合懣之孫。世宗時為近侍局使，西南路副招討使。章宗時歷仕統軍使、知府等職，曾為賀宋正旦使，於地方有惠政，民為之立像並時祭之。史稱宗道云：「通周易、孟子、善騎射」。〔註91〕是文武之資，於漢學有所專精。

13. 完顏璋

宗室，本名胡麻愈，祖斡者，與太祖、太宗等為兄弟，父神土懣為驃騎衛上將軍。璋於熙宗時襲父謀克職，海陵帝時任同知中都留守。世宗時以對宋將吳璘戰事有功，歷任元帥左都監、統軍使、京兆尹、御史大夫、臨洮尹等，曾奉命使宋。史稱璋「多勇略，通女直、契丹、漢字」。〔註92〕

14. 完顏布輝

宗室，曷速館茋里海水人，祖合住，為始祖兄之裔，父余里也為世襲猛安。布輝襲猛安，世宗時為節度使致仕。史稱其「識女直、契丹、漢字」。〔註93〕

15. 完顏庸

宗室，本名阿里剌，世宗時為東宮護衛起身，後仕為吏部郎中。章宗時拜尚書右丞，出為泰定軍節度，移知濟南府。〔註94〕《金史》雖未明言其漢學，但有孔子後裔孔元措為其所寫〈昭告至聖文〉中得知，言其「首謁先聖，繼訪學校」，又言其「系出皇族，明練治體，崇尚儒術，推尊先聖，行見魯俗，

〔註89〕參見同前註，頁2061。
〔註90〕參見《金史》，卷73，〈宗雄附傳〉，頁1682。
〔註91〕參見前註，〈宗道傳〉，頁1677、1678。
〔註92〕參見《金史》，卷65，〈斡者傳附傳〉，頁1548～1553。
〔註93〕參見《金史》，卷66，〈宗室傳〉，頁1562、1563。
〔註94〕參見前註，頁1568、1569。

佩服德化」。〔註95〕文中所記若非過譽裝飾，則可知其為漢學研習者及推廣無
疑。

16. 完顏承裕

宗室，本名胡沙。章宗時領軍與宋將吳曦攻戰，後任參知政事。衛紹王
時蒙古興兵，承裕行省禦邊，為蒙古所敗。宣宗時為節度使卒。史稱其「頗
讀孫、吳書」，知有漢學研習。其讀兵書與宋人戰多勝，但與蒙古、契丹戰則
多負敗。〔註96〕

17. 完顏匡

宗室，本名撒速，為始祖九世孫。早年任皇子允成、允恭府教讀，章宗、
宣宗皆受其教學。以賜進士及第侍讀。章宗時仕近侍局使、翰林學士，至於
平章政事、左元帥、行省事，後受遺詔輔立衛紹王，拜尚書令、封申王。匡
為世宗皇孫侍讀教學，必有漢學研習，史載其與東宮侍從論伯夷、叔齊事，
又載其作〈睿宗功德歌〉，中禮部策論進士，參與御試等，可知其有經史詩文
之學。〔註97〕

18. 完顏守道

完顏部人，本名習尼列，為初期漢學人物希尹之孫。因希尹家世擢為應
奉翰林文字，世宗時歷仕諫議大夫、右丞相並監修國史，左丞相、世襲謀克，
以太子太師致仕。史載其修《熙宗實錄》，世宗以為其書法「直筆」。又曾參
與女真進士科關於漢文及譯經之議論。〔註98〕

19. 完顏守貞

完顏部人，守道之弟，本名左廐。世宗時仕諸京留守，章宗時為尚書左
丞、世襲謀克、平章政事，卒於濟南知府。守貞居官喜接引後進，推舉善類，

〔註95〕參見孔元措，〈相國完顏庸至聖文〉，收於《全遼金文》中冊，頁1928、1929。
文作於承安四年（1199），載完顏庸官銜為「泰定軍節度使兼兗郡」等，正與
史載相合（見前註）。據《金史》，卷25，〈地理志中〉載，兗州為泰定軍節度
使，所轄四縣中曲阜即其一。見頁616。
〔註96〕參見《金史》，卷93，〈完顏承裕傳〉，頁2065、2066。
〔註97〕參見《金史》，卷98，〈完顏匡傳〉，頁2163～2174。傳中有「復宋國書」，但
未必即出自匡之手，《全遼金文》收錄此文。
〔註98〕參見《金史》，卷88，〈完顏守道傳〉，頁1956～1958。女真進士科之討論，
見卷51，〈選舉志一〉，頁1141、1142。

朝廷正人，多出於其門下，故其為政甚得名儒趙秉文之尊崇，以其為朝廷之
君子名相。史載「守貞剛直明亮，凡朝廷論議及上有所問，皆傅經以對」，不
但可知其蒞官風格，亦可知其通經之漢學。於議論中見熟於史事掌故，史載
其通法律、明習國朝典故，金朝立國以來，禮樂刑政多用遼、宋制度，頗為
雜亂，章宗時有意修訂，更正為一代之法，儀式條法多為守貞所裁訂，故章
宗有號稱清明的明昌之治。由是可知守貞對金朝典制有所貢獻，其通經史、
明法律、知典制，但章宗仍以為「方之真儒則未也」。守貞曾與修起居注張暐
進言史官之職，以為修注官於皇帝視朝時不應令之迴避，始合於設史官之義；
使章宗納從之。足見守貞深知漢制史官之義。〔註99〕

20. 完顏仲

完顏部人，本名石古乃，為金初名將婁室之子。熙宗時為護衛、世襲謀
克。海陵帝攻宋時為將。世宗初使宋議和，後為宿衛都點檢，仕至北京留守。
史稱其「通女直、契丹、漢字」，為漢學研習者。〔註100〕

21. 徒單子溫

身世未詳，以其姓氏及史書所載資料當為女真通漢學者。如世宗大定四
年（1164）詔令以女真字譯書，次年，翰林侍講學士徒單子溫譯進《貞觀政要》、
《白氏策林》等書，又次年，復譯進《史記》、《西漢書》，詔令頒行。〔註101〕
若子溫不通漢學或不諳女真字，則譯漢學諸書殆無可能。又於大定初時子溫
曾以翰林侍講學士兼同修國史，〔註102〕於史學有其專長。

22. 徒單鎰

本名按出，上京路速速保子猛安人。父烏輦，仕北京副留守。世宗時創
女直進士科，徒單鎰即首屆進士及第，歷仕教授、國子助教、翰林待制，章
宗時拜平章政事，又歷仕府、京首長。衛紹王時任右、左丞相。宣宗時任左
丞相、封郡王。鎰自幼穎悟絕倫，習女真字為學生，受教漢籍古書，通契丹
大小字、漢字，通習經史。進士及第後又任教授，推廣漢學，兼修起居注為

〔註99〕參見《金史》，卷73，〈完顏守貞傳〉，頁1686～1691。又卷104，〈孟奎傳〉，
　　　　載完顏守貞禮接士大夫，在其門者號「冷巖十俊」，「冷巖」或為守貞之字號。
　　　　見頁2290。
〔註100〕參見《金史》，卷72，〈完顏仲傳〉，頁1656、1657。
〔註101〕參見《金史》，卷99，〈徒單鎰傳〉，頁2185。
〔註102〕參見《金史》，卷128，〈傅慎微傳〉，頁2763。

史官。鎰有〈漢光武中興賦〉，其文不傳，於章宗時上書治平之道，又論為政之術，博引經史，言說盡為儒學之論，是金代著名之儒臣。史載：

> 鎰明敏方正，學問該貫，一時名士皆出其門，多至卿相。嘗嘆文士委頓，雖巧拙不同，要以仁義道德為本，乃著〈學之急〉、〈道之要〉二篇。太學諸生刻之于石。有《弘道集》六卷。〔註103〕

徒單鎰著作今皆不傳，唯章宗時上書、論政載於史書中可見。

23. 徒單思忠

字良弼，本名寧慶。曾祖、父皆為皇族姻親。幼受世宗撫養，為世宗侍衛，長為皇弟女婿，卒於殿前左衛將軍、駙馬都尉。史稱其「通敏有才，頗通經史」〔註104〕，為漢學研習者。

24. 紇石烈子仁

《金史》無傳，但知為章宗時名將，以知興中府禦守北邊，後為河南統軍使，南宋寧宗開禧時韓侂冑北伐攻金，金以僕散揆總兵抵禦，子仁統軍出征，僕散揆死後升為右副元帥。戰後子仁仕為樞密使兼三司使。〔註105〕南宋周密《齊東野語》載有子仁之詞作，謂子仁於開禧用兵時領軍駐濠梁時所作，詞名〈上平南〉（上西平調）詞句如下：

> 薑鋒搖，螳臂振，舊盟寒。恃洞庭彭蠡狂瀾。天兵小試，百蹄一飲楚江乾。捷書飛上九重天，春滿長安。　舜山川，周禮樂，唐日月，漢衣冠。洗五州妖氣關山。已平全蜀，風行何用一泥丸？有人傳喜日邊，都護先還。〔註106〕

周密並記說：「子仁蓋女真能文者，故敢肆言無憚如此」。以詞觀之，子仁文學頗佳，又通經史典故，語氣雄渾豪壯。

25. 紇石烈良弼

本名婁室，回怕川人。少年時選為女直字學生入京師，深得完顏希尹賞識，年十四為北京教授，時人言：「前有谷神（希尹），後有婁室」。海陵帝時

〔註103〕徒單鎰生平參見《金史》，卷99，〈徒單鎰傳〉，頁2185～2191。行文見2191。

〔註104〕參見《金史》，卷120，〈徒單思忠傳〉，頁2621～2622。

〔註105〕紇石烈子仁見《金史》，卷12，〈章宗紀四〉，泰和六年～八年，頁274～285所載，另參見卷93，〈僕散揆傳〉，頁2068～2070。

〔註106〕見周密，《齊東野語》，卷20，收於《宋元筆記小說大觀》，第五冊（上海市，上海古籍出版社，2001年），頁5679、5680。

任尚書左丞，諫海陵伐宋未納。世宗時仕至左丞相、監修國史，授猛安，為世宗朝賢相，多所建言，練達朝政。良弼不惟任教授，所教除女直字外，係以漢學經史為內容，又曾建言以女真、契丹人需學習漢文字為官吏。〔註107〕凡此知良弼遍漢學外，又為漢學之推廣者。

26. 紇石烈明遠

《金史》無傳，據王寂《鴨江行部志》所載，明遠於世宗時曾任曷蘇館節度使，題府署為「公明軒」，並於任內留有詩作。章宗時王寂巡按遼東，經曷蘇館記載道：

> 以公明名軒，自明遠始。題榜，亦明遠之遺墨也。公平昔片言折獄，嫉惡如仇，自謂公明亦不過矣。又其字，剛正猶健，似其為人。〔註108〕

紇石烈明遠能書漢字，而字如其人，深得王寂敬愛。王寂又錄下明遠詩作四首，其中三首皆題於龍門山北巖壁。其一為壬辰（大定十二年，1172）七月晦日作：

> 秋霽嵐光到眼青，層巒疊巘與雲平。
> 解鞍暫借山僧屋，泉水潺潺漱玉聲。

其二為癸巳（大定十三年，1173）立夏後三日所作：

> 春盡山崗碧轉加，攜樽來醉楚王家。
> 桃花半折東風里，應笑劉郎兩鬢華。

其三為甲午（大定十四年，1174）春分日作：

> 春半遼東暖尚餘，青山若恨亂雲遮。
> 三年絕徼勞魂夢，嚮壁題詩一嘆嗟。

其四為〈奉謝登州太守符寶寄新鰒魚〉：

> 疇昔珍鱐得屢嘗，流涎鮮嚼副牟平。
> 太羹純醨味中味，明月半胎清外清。
> 曾比臘茶猶劣似，直連楚國尚多卿。

〔註107〕參見《金史》，卷88，〈紇石烈良弼傳〉，頁1949～1956。女直學初似以文字為主，史載：「其後學者漸盛，轉習經史，故納合椿年、紇石烈良弼皆由此致位宰相」，可知女直學設立不久即以漢學經史為內容。見《金史》，卷105，〈溫迪罕締達傳〉，頁2321。

〔註108〕參見王寂，《鴨江行部志》（賈敬顏《五代宋金元人邊疆行記十三種疏正稿》本，北京市，中華書局，2004年），頁184。全書為頁170～213。

珍重寶鄰賢太守，馳封新劍寄頹明。

移錄明遠作詩四首，提供為了解其具體之文學素養，寫景、敘事、述懷簡潔
流暢，不事雕琢，另有跋、序文等，由其中可知明遠多與漢人文學之士交往。
〔註109〕

27. 紇石烈昭信

《金史》無傳。據《山右石刻叢編》所載，昭信於章宗泰和三年（1203）
任慶元路芮城縣尉，治績使民愛慕不忘，因而繪像立碑，其德澤堪稱為良吏，
碑文中云：「嘗學而後從政，閑前哲之規，鍊當世之務」，得知曾入學出仕，
可為漢學研習者。〔註110〕

28. 夾谷衡

本名阿里不，山東西路三土猛安益打把謀克人。大定十三年（1173）首
創女直進士科及第，任東平府教授，歷任編修、翰林、起居等職，章宗時為
參政、左丞，衛紹王時拜平章政事，封英國公。夾谷衡既為進士及第，當是
漢學研習者。世宗以衡與徒單鎰、尼龐古鑑同為才傑之士。〔註111〕

29. 夾谷清臣

本名阿不沙，胡里改路桓篤人。清臣以武功為將帥，世宗初曾任鎮國上
將軍知穎順軍及防禦、節度使等，大定年中為陝西路統軍使、兼知京兆府，
二十六年（1186）改西京留守，後為樞密副使。章宗時任右、左丞相，後因攻
禦北阻𪘯失策而降官為節度使。〔註112〕《金史》傳中未言清臣關於漢學研習
情形，但由全真教長春真人丘處機的詩作中可窺得消息，丘處機有詩〈答京
兆統軍夾谷龍虎書召〉、〈嶺北西京留守夾谷清神索〉、〈贈灄陽唐括姑，乃故
丞相之女弟也。予時在隴山，京兆統軍夾谷公專人書召，姑尋至〉。〔註113〕
京兆統軍即陝西路統軍使，夾谷龍虎當指龍虎衛上將軍，乃正三品上階武散
官，與其職並留守相當。〔註114〕丘處機言：「予時在隴山」，據姚從吾〈元丘

〔註109〕紇石烈明遠之詩作、跋、序文等皆參見前註，頁196～201。
〔註110〕參見許安上，〈芮城縣尉紇石烈昭信德政之碑〉，收於《遼金元石刻全編》，第
　　　　一冊，頁225、226。
〔註111〕參見《金史》，卷94，〈夾谷衡傳〉，頁2092、2093。
〔註112〕參見前註，〈夾谷清臣傳〉，頁2083～2085。
〔註113〕見《全遼金詩》，中冊，頁972、984、998。
〔註114〕《金史》傳中未言其升龍虎衛上將軍，僅載之前為輔國上將軍，此乃從三品
　　　　階，後為統軍使知京兆府（府尹）、西京留守等皆正三品官職，理當升階為正

處機年譜〉，其時當在大定二十年（1180）至二十六年（1186）冬，丘處機由磻溪遷居隴州（陝西隴縣）之龍門山。〔註115〕其詩〈隴山松〉有「我居西山時六年」之句，〔註116〕龍門山在隴州，故稱隴山，在隴州西北，又或稱西山。「嶺北西京留守」詩題與與詩句中都指出為夾谷清臣所任職，惟清臣作清神或寫作稍異，此詩為清臣任職西京留守時索詩於丘處機者。

由上略知夾谷清臣雖為武將，但受漢學教養，喜親道家之言，又能讀賞領會詩文，故有與全真丘處機之往來。

30. 蒲察鼎壽

本名和尚，上京曷速河人，章宗欽懷皇后之父，為熙宗鄭國公主駙馬。海陵帝時為器物局使，世宗時加駙馬都尉，歷仕節度使、宣徽使、授謀克，改河間尹。所在有惠政，州民曾刻石紀念，不以富貴驕人，當時以為外戚之冠，史稱其「通契丹、漢字，長於吏事」。〔註117〕是漢學研習者。

31. 蒲察鄭留

字文叔，東京路斡底必剌猛安人。大定二十二年（1182）年進士，世宗時歷仕監察御史、按察史、節度使，衛紹王時任節度、知府，宣宗初為東京留守。鄭留歷任有善政，於釋奠孔廟時，陳說古代友悌事以解悟民間兄弟之爭財，可謂善用儒家之道理，而其為進士當知漢學無疑。〔註118〕是研習又復倡行漢學者。

32. 尼龐古鑑

本名外留，隆州人。大定十三年（1173）進士，世宗時歷仕教授、國子助教、近侍局直長、太子侍丞，翰林文字等職，章宗時為戶部侍郎兼翰林直學士，又為知府、參知政事。古鑑識女真小字、漢字，為進士自通漢學，世宗以之與徒單鎰、夾谷衡為新進進士中可用之才，其經歷中多在教學、翰林類職。又於章宗時曾參與修訂新律，知其明法典，為史部之學。〔註119〕

　　　　三品。階職等參見《金史》，卷55，〈百官一〉，頁1221。
〔註115〕參見姚從吾，《東北史論叢》，頁228、229。
〔註116〕見《全遼金詩》，中冊，頁997。
〔註117〕參見《金史》，卷58，〈外戚傳〉，頁2621。
〔註118〕參見《金史》，卷128，〈循吏傳〉，頁2767、2768。
〔註119〕參見《金史》，卷95，〈尼龐古鑑傳〉，頁2119、2120。修新律事見卷45，〈刑志〉，頁1022。

33. 僕散忠義

本名烏者，上京拔盧古河人，為太祖宣獻皇后之姪。熙宗時襲父謀克，以戰功升至兵部尚書。海陵帝時歷任府尹，世宗時平契丹兵亂任為右丞相，又禦宋軍兼都元帥，拜左丞相。史稱忠義早年於公餘「學女直字，及古算法，閱月，盡能通之」，知其聰穎有才，又言：「忠義動由禮義，謙以接下，敬儒士，與人極和易，侃侃如也」，推知其為漢學研習之士。〔註120〕

34. 僕散訛可

《金史》無傳，但據〈完顏匡〉傳中知訛可曾為徐王府教讀，世宗詔以訛可與匡俱充太子侍讀教漢字、女直字。大定二十五年（1185）訛可中進士，任書畫直長，此為宮中藝術管理機構。訛可既為侍讀，又為女真進士，當有漢學之水準。〔註121〕

35. 耨盌溫敦謙

本名乙迭，阿補斯水人，為海陵朝左丞相思忠之子。謙於世宗朝累官至御史中丞。海陵帝時為伐宋事與思忠意不合，海陵意欲混一天下，然後可為正統，並言於思忠：「汝子乙迭讀書，可往問之」，可知謙曾讀書受漢學。〔註122〕

36. 耨盌溫敦兀帶

為上述思忠之姪，由令史逐官至兵、吏部尚書，於熙宗朝有治績之故。世宗時為都統、府尹、留守、參知政事，是忠直之能臣。兀帶出身於女直字學生，史稱其「學問通達，觀書史，工為詩」。〔註123〕宜有相當之漢學水準，長於文學，惜未能見其詩作。

37. 納合士舉

《金史》無傳，據南宋人張棣所說，士舉為冀州節度使，「頗能詩」。〔註124〕是知士舉為通漢學之士，又以詩為專長。

〔註120〕參見《金史》，卷87，〈僕散忠義傳〉，頁1935～1941。
〔註121〕參見《金史》，卷98，〈完顏匡傳〉，頁2163、2165。
〔註122〕參見《金史》，卷84，〈耨盌溫敦思忠傳並附謙傳〉，頁1883、1884。
〔註123〕參見前註，〈附兀帶傳〉，頁1884、1885。
〔註124〕參見張棣，《金圖經》，收於《金史輯佚》，頁92。又言士舉為「任文舉之兄」，一時難以考察。

38. 烏古論執中正

《金史》無傳，據張棣言其為節度使，「頗知書」，〔註125〕當為漢學研習者。

39. 唐括安禮

本名斡魯古，字子敬。海陵帝時為節度使、翰林侍讀學士。世宗時為府尹，治績廉能，拜參知政事、左丞，世宗常與之講論國是，後仕至右丞相，曾與世宗議論選舉、史官、科舉等，議論觀點顯現為漢式儒臣之言論。世宗曾說：「卿習漢字，讀詩書」，又以為「卿有知識，每事專倣漢人」，看來世宗以為安禮過於「漢化」。史稱安禮「好學，通經史，工詞章，知為政大體」，是很標準的儒臣，〔註126〕南宋張棣也說他「極能文」，〔註127〕當以經史文學為其專長。

40. 裴滿亨

字仲通，本名河西，臨潢府人。大定二十八年（1188）進士及第，升充奉御職，進言世宗行唐虞之治在於「進賢，退不肖，信賞罰，薄徵斂」，是儒士大夫之言。章宗時歷任監察御史、統軍、節度等職，較多任按察之職。外任有政績，宮禁多讜議，是為良臣。史稱其「性敦敏習儒」，又為進士，當是儒者。〔註128〕

41. 溫迪罕締達

家世不明，以女直字學出身，為國史院編修官，大定十三年（1173）首科女真進士，後為著作佐郎、祕書丞、左贊善，轉翰林待制。締達於女真字學習經史最為精深，並教學生員習作詩、策，又參與譯解經書，足見他對漢學有頗高深的程度。初命為左贊善輔導顯宗（允恭太子）時，史載：

> 顯宗使內直丞六斤謂締達曰：贊善，初未除此官，天子謂孤曰：
> 朕得一出倫之才，學問該貫，當令輔汝德義。既數日，贊善除此官。
> 自謂親炙德義，不勝其喜。〔註129〕

可見世宗、顯宗父子對締達的重視。締達任官職多在教學、教育等方面，其

〔註125〕參見同前註。
〔註126〕參見《金史》，卷88，〈唐括安禮傳〉，頁1963～1966。
〔註127〕參見《金圖經》，頁93。張棣載安禮字仲和，為海陵帝之妹婿。
〔註128〕參見《金史》，卷97，〈裴滿亨傳〉，頁2143、2144。
〔註129〕見《金史》，卷105，〈溫迪罕締達傳〉，頁2321。

德業當為其時之翹楚。既有漢學高水準，又有推廣漢學之功；曾於京師教學俊秀女真子弟。〔註130〕

42. 女奚烈守愚

字仲晦，本名胡里改門，真定府路吾直克猛安人。六歲即知讀書，「父沒時年十五，營葬如禮，治家有法」，為明昌二年（1191）進士，任縣令時有治績，後歷仕祕書郎、著作郎、府判官、修起居注、太子德諭、諫議、翰林等職，多為文史儒學之士所任官職；後仕至參議陝西路安撫司事。〔註131〕守愚自幼讀書，有漢學教養，又為進士，所任多適於儒者之職務，頗合其所學。

43. 烏林答天錫

《金史》無傳，但有其父〈烏林答暉〉傳，知天錫為第三子，世襲納鄰河猛安親管謀克，暉為世宗明（昭）德皇后之兄，明德后前因海陵帝召見而自殺於途，故世宗贈官其家三代。〔註132〕據《寶豐縣志》載〈重建汝州香山觀音禪院記〉中以天錫為唐國公主婿，大定二十五年（1185）時任河南統軍使，「暇日漁獵經史，修明號令」，〔註133〕是知天錫為皇親而能讀經史漢學。

44. 張子厚

《金史》無傳，據元好問〈張君墓誌銘〉，子厚張氏本出於遼東烏若（惹）族（即前期漢學李靖嘔熱國同族），金初遷隆安（吉林農安），海陵帝時隨父任官洺水（河北邢台市地境），遂為洺水人，由父蔭為博平酒稅監官。元好問稱其「資穎悟，略通經史，工書翰，醫學亦過人」，睦宗族、鄉人，賑飢醫護，極得鄉里敬重。〔註134〕子厚為張氏之字，失其名，漢學研習的淵源也未能知。

45. 移剌履

字履道，契丹耶律氏，為遼東丹王突欲（耶律倍）七世孫，五歲時能言詩句，甚為養父族叔所驚異，「及長，博學多藝，善屬文」，蔭補為國史院書寫，後為編修官，參與譯經史工作，其後特賜為進士及第。歷任翰林、修撰、同修國史、禮部尚書、參知政事、尚書右丞等職，世宗時召問用人、議定女

〔註130〕參見《金史》，卷51，〈選舉志一〉，頁1133、1140。
〔註131〕參見《金史》，卷128，〈女奚烈守愚傳〉，頁2768、2769。
〔註132〕參見《金史》，卷64，〈后妃傳下〉，頁1520、1521，〈烏林答暉傳〉，見卷120，頁2620。
〔註133〕見《遼金元石刻文獻全編》，第三冊，頁1076。
〔註134〕參見《遺山先生集》（《九金人集本》），卷24，頁12下～14上。

真進士科等，建言章宗（時為金源郡王），留意《尚書》、《孟子》「聖賢純全之道」。世宗時受詔修〈海陵實錄〉，章宗時提控刊修《遼史》。移剌履通經史之外，又精於曆算、書繪，修造〈乙未曆〉以改舊有〈大明曆〉之舛誤。元好問言其文有數百篇，以〈撲菜說〉最具特色；另有文集傳世。〔註135〕

移剌履通經史、曆法，長於文學、畫藝。元好問言其「通六經百家之書，尤邃於易、太玄，至於陰陽方技之說，曆象推步之術無不洞究，善屬文」，並錄其詩一首。〔註136〕倪燦《補遼金元藝文志》登錄有「耶律履文獻集十五卷」，〔註137〕但今未見。清人昭文孫在道光四年（1824）時作〈蕭閑老人明秀集注跋〉，文中說「絳雲樓書目載有耶律履集，徧覓未睹其書，詞曲惟毛刻中州樂府一卷，所采如恆河中一沙耳」。〔註138〕元好問說耶律履有文百篇，但未說有文集之類，或金末時未印刊，或竟至於散失，倪燦所補但不知根據為何？道光時清人也未尋見其文集。楊家駱補金志，有「耶律文獻公詞一卷」按語稱「有校輯宋金元人詞本」，〔註139〕亦未得見。總之，耶律履多才藝，漢學水準高，但其作品極少流傳至今。今可見其文一篇，題為〈天竺三藏吽哈囉悉利幢記〉，〔註140〕文筆清簡老潔。詩一首，題〈史院從事日感懷〉，〔註141〕錄下以為參看：

> 不學知章乞鑑湖，不隨老阮醉黃壚。
>
> 試從鄰閣諸賢問，肯屑蘭台小史無。
>
> 一戰得侯翰妄尉，長身奉粟塊侏儒。
>
> 禁城鐘定燈花落，坐拊塵編惜狀圖。

詞作三首，其一〈虞美人〉，為寄雲中完顏公而作。〔註142〕：

〔註135〕參見《金史》，卷95，〈移剌履傳〉，頁2099～2101。此傳係根據元好問，〈尚書右丞耶律公神道碑〉而來，見《遺山先生集》，卷27，頁17上至23上。元人盛如梓言耶律履、耶律楚材、耶律鑄、耶律希逸四代祖孫，皆有文集行世。參見《庶齋老學叢談》（臺北市，新文豐出版社，《叢書集選》，民國73年），卷上，頁2。

〔註136〕見前註〈神道碑〉，又見《中州集》，卷9，頁24上。詩作見頁25上。

〔註137〕參見《補遼金元藝文志》（臺北市，台灣商務印書館，《叢書集成簡編》，民國55年），頁81。

〔註138〕見《蕭閑老人明秀集注》（《九金人集》），附昭文孫〈跋〉文。頁1上。

〔註139〕見楊家駱，《新補金史藝文志》，收於鼎文書局本《金史》，見卷8，頁175。

〔註140〕見《全遼金文》，中冊，頁1723。

〔註141〕見《中州集》，卷9，頁25上。

〔註142〕見唐圭璋，《全金元詞》，頁28。

　　　　水收霜落雲中早。群雁雲中道。夜來明月過西山。料得水邊石

　　上不勝寒。黃塵堆裡人相看。未慣雲林眼。當年曾說探崆峒。怕有

　　黃庭消息寄西風。

其他二首詞牌為〈朝中措〉〈念奴嬌〉，皆為寄完顏公而作，但不知此完顏公
為誰？〈朝中措〉詞句如下：

　　　　何年仙節弭人寰。玉立紫雲間。氣吐虹蜺千丈，辭源江漢翻瀾。

　　　　金門大隱，管中誰見，位列清班。看取酒酣風味，何如明月緱山。

〈念奴嬌〉詞稍長，今不錄，可參見《全金元詞》。以上二詞併其詩供作參考，
可見其文學造詣。

　　上文曾說耶律履詩文之外，又能繪畫。《圖繪寶鑑》中說他「善畫鹿，作
人馬、墨竹尤工」。〔註143〕鹿、馬等動物是北族生活中所常見，竹類植物則非
北方草原所能有，顯然是受漢人高雅幽逸風氣的感染；其繪畫藝術情形與前
述允恭、允成兄弟相似。金代名儒趙秉文有〈題移剌右丞畫雙鹿圖二首〉，元
初王惲曾三見其畫鹿圖，〔註144〕可證史書所言耶律履善畫之記載，詩句中有
「忘言老人寫雙鹿，筆力不減東丹王」之句，忘言老人即耶律履晚年自號「忘
言居士」，〔註145〕東丹王為其七世祖，受漢學、善繪畫，〔註146〕家世漢學、
善畫。至耶律履仍承襲可見到。又金末劉祁言，有僧人圓基，喜與豪士游，
頗能作詩，有〈題移剌右丞畫〉。〔註147〕趙、劉二人皆金代中、晚期人，所說
可知耶律履確工於畫。

46. 移剌道

　　契丹乙室部人，本名趙三。熙宗時補刑部令史，海陵帝時為猛安、戶部
郎中，世宗時為翰林兼起居注，後仕至平章政事，以咸平尹終。史稱其「通
女直、契丹、漢字」，當為漢學研習者。〔註148〕

〔註143〕見卷 4，頁 80。
〔註144〕參見《全遼金詩》，中冊，頁 1407。王惲《秋澗集》，卷 9，〈題右相文獻公畫
　　　　鹿圖〉，頁 10 下、11 上
〔註145〕前揭元好問，〈神道碑〉中作「忌言居士」，然據前揭《中州集》作「忘言居
　　　　士」。又據趙秉文，《釜水集》（《九金人集本》）卷 9，頁 6 下，亦作「忘言老
　　　　人」，當是「忘言」而非「忌言」。
〔註146〕東丹王善繪畫，參見《遼史》，卷 73，〈宗室傳〉，頁 1211。
〔註147〕參見《歸潛志》，卷第 6，頁 66。《全遼金詩》，下冊，頁 2373。
〔註148〕參見《金史》，卷 88，〈移剌道傳〉，頁 1966～1969。

47. 移剌愻

契丹虞呂部人，本名移敵列。初為契丹令史，世宗時為左丞相紇石烈良弼薦為太府監，後仕至刑、禮部尚書、西京留守、以臨洮府尹卒。史稱其「通契丹、漢字」，故於海陵帝時曾兼領契丹、漢字兩司都事，當有漢學教養。又曾於世宗時，取熙宗皇統舊制制條與海陵續降制條，通類校正，增補畫定，大約訂正為十二卷、千餘條，修成〈大定重修制條〉，是為金朝律條修訂的重要功臣。〔註149〕據此可知移剌愻不止僅通漢字，對律令法典有其專長。

48. 移剌子敬

契丹五院部人，字同文，本名屋骨朵魯。子敬當熙宗時因移剌固修《遼史》辟為掾屬。海陵帝時為翰林，世宗時以待制同修國史，兼修起居注，屢諫言於世宗，並論史官之職，後為府尹。史稱子敬「讀書好學」，應為通經史漢學者，又多任翰林史職等，可為旁證。〔註150〕

49. 移剌霖

契丹人，字仲澤，又字佳什。《金史》無傳，其生平未詳，據所作〈磻溪集序〉知於章宗泰和丙寅年（六年，1206）任武定軍節度使兼奉聖州管內觀察使提舉常平倉。〔註151〕前此曾任陝西按察使，作〈驪山有感〉詩，詩刻石於臨潼縣，詩跋文中說：

> 按察相公，人品尚秀，天性奇穎，始以儒業自舉，一投場屋，芥拾甲科。已而事與願違，投筆就宦，然游戲翰墨之間，初未廢其寸陰，大篇短什，率皆出前人用心不到處；士子仰之如泰山北斗。
> 〔註152〕

石刻跋文作於承安年間。又說另有〈題華清宮〉絕句三首，遠近傳誦。對於

〔註149〕參見《金史》，卷89，〈移剌愻傳〉，頁1986、1987。又關於〈大定重修制條〉事，為移剌愻「總中外明法者共校之」，是知為總其事者，另有其他明法者參加。見卷45，〈刑志〉，頁1022。

〔註150〕參見《金史》，卷89，〈移剌子敬傳〉，頁1987～1990。又卷128，〈循吏傳〉，傅慎微於大定初與徒單子溫、「翰林待制移剌熙載，俱同修國史」，見頁2763，此移剌熙載與〈移剌子敬傳〉言「大定二年，以待制同修國史」，或係一人，則子敬另字熙載。

〔註151〕見《金文最》，卷20，頁1下、2上。

〔註152〕見《金石萃編》（臺北市，新文豐書局，《石刻史料新編》），卷157，頁33上、下。其詩文見於《乾隆臨潼縣志》（《中國方志叢書》），卷2，頁48上，並記「承安年按察陝西路，過驪作也」。

〈驪山有感〉詩的評價是「格愈老、意愈新、句愈健、字愈工，怡然備四鍊體，自非深於文章者，其誰能與於此」。移剌霖當為世宗大定年間進士及第，詩詞文章為其所長，並聲譽滿士林。

仲澤為《磻溪集》作序，文筆高潔洒練，詩作二首與序文今皆可見參看。《金石萃編》收刻石詩一首〈驪山有感〉，如下：

　　　　蒼苔逕滑明珠殿，落葉林荒羯惟（鼓）樓。

　　　　渭水都來細如線，若為流得許多愁。

另一首〈驪山有感〉詩句如下：

　　　　山下驚飛烈火灰，山頭猶弄紫金杯。

　　　　夢回未奏梨園曲，臨聽吟風阿濫堆。〔註153〕

仲澤既為文學儒士，與儒、道有其來往，如《磻溪集》作者丘處機，是全真教名道長，與金朝仕宦、名士都有交游，仲澤為其文集寫序，丘處機也有詩贈仲澤，詩題〈次韻答奉聖州節度使移剌仲澤佳什〉，詩中有「西北文章賢太守，肯將珠玉寄東南」之句。〔註154〕酈權有詩〈留仲澤〉，詩中有「馳馬彎弓真將種，載書囊筆自名家」之句，〔註155〕譽推為文武雙全之士。王若虛有〈移剌仲澤虛舟堂銘〉，〔註156〕得知仲澤曾築屋所號為「虛舟堂」，此與漢士文雅之儒取堂室名號無異，是仲澤不止有較高的文學學養，生活自適也極為漢化。

50. 移剌松齡

上述移剌霖之子，生平欠詳，知曾作草書「雲房」二字，當為漢學書法家者。〔註157〕

51. 耶律質

《金史》無傳，當是契丹人。據趙揚〈遼州晉先大夫廟碑〉，有「忠顯校尉遼州軍資庫都監耶律質書」，碑刻於大定十五年（1175），〔註158〕耶律質任

〔註153〕見《全遼金詩》，中冊，頁 1446。顧嗣立，《元詩選癸集》（北京市，中華書局，2001 年），〈戊下〉，收詩三首，除上述〈驪山〉二首外，又收〈清華〉詩：「已壓開元萬翠眉，湯蓮不必沒凝脂。好將素手來吞洗，曾把寧王玉笛吹」。顧嗣立編《元詩選》，將移剌霖列入元人詩，恐有不妥。

〔註154〕見《全遼金詩》，中冊，頁 978。

〔註155〕見《中州集》，卷 4，頁 56 下、57 上。

〔註156〕見王若虛，《滹南集》《九金人集本》，卷 45，頁 2 下。

〔註157〕參見《臨潼縣志》，卷 2，頁 48 上。

〔註158〕參見《山右石刻叢編》（《遼金元石刻文獻全編》，第一冊），卷 21，頁 172。

職於低階地方官員，但能書法，能書法必能通漢字文學，知其為漢學研習者，而以文學、書法見長。

52. 石抹元毅

本名神思，咸平府路酌赤烈猛安莎果歌仙謀克人。世宗時以蔭補吏部令史，章宗時為路提刑判官、節度使、刺史等，治績有聲，後死於邊事，入〈忠義傳〉。史稱其「每讀書見古人忠義事，未嘗不嗟嘆賞慕，喜動顏色」；知其有漢學學養。晚期漢學者石抹世勣為其子。〔註159〕

53. 石抹輶

《金史》無傳，生平不詳。據《汜水縣志》收有石抹輶所撰〈伏羲廟碑〉，撰寫於章宗泰和五年（1205），時任滎水磁窯監，為地方場務小官。由碑文中得知其通經史，辦正伏羲、女媧傳說，以見「帝王之道」。徵引歐陽修《歸田錄》、《帝王世紀》、《尚書‧序》、《左傳》、《易‧繫詞》、《淮南子》、晉人摯奚、王彪之文等。〔註160〕碑文具體說明石抹輶博覽經史子集各書，是研習漢學有相當程度之士。

54. 完顏奉國

生平欠詳，知其曾任京兆府路華州（陝西華縣）防禦使，練兵於太華山陰，有詩〈書蒲城壁〉，〔註161〕詩句尚稱順暢，末句「未老君恩須重報，終焉更卜隱巖阪」，倒有為文士氣息；有詩留傳或為儒將之流。

55. 紇石烈遯

生平欠詳，知為廣平人，於世宗大定二十年（1180）於濟州（山東濟寧）有〈題李太白酒樓〉詩，〔註162〕錄下以為參考：

> 太白樓空四百年，才名高似月橫天。
>
> 謫仙遺意憑誰論，付與春風一醉眠。

〔註159〕參見《金史》，卷121，〈忠義一〉，頁2643、2644。又石抹氏為契丹述律氏，參見陳述，《金史拾補五種》（北京市，科學出版社，1960年），〈金史氏族表〉，「敘例」，頁4。

〔註160〕參見《金文最》，卷40，頁5下～7上。

〔註161〕參見《全遼金詩》，下冊，頁3069。華州據《金史》，卷26，〈地理志下〉，頁644，得知於熙宗皇統二年（1142）降為防禦州，於宣宗貞祐三年（1215）升為節鎮，故奉國當屬於中期之漢學。

〔註162〕參見《濟寧金石志》（《石刻史料新編》本），卷3，頁26下。

詩句簡明洒練，記唐代李白，詩意頗能配合，亦有唐詩風格。

56. 烏延烏出

生平不詳，知其曾任山東東路寧海軍（山東牟平）判官。世宗時全真道士馬鈺有〈寧海軍判官烏延烏出次韻〉，〔註163〕知與道士有詩唱和，應為漢學研習者。

57. 完顏孛迭

生平不詳。據《補遼金元藝文志》載有翰林學士完顏孛迭作《中興事跡》，〔註164〕知其為通漢學之史家。

58. 完顏宗壁

宗室子，少時恬靜好學，以雅賢稱著，後為同知石州（山西離石）軍事，有善政，地方父老建「去思堂」，繪像、立善政碑。又據邳邦用於章宗明昌六年（1195）時作〈唐太宗賜孫真人宋跋〉，文中說大定癸卯年（二十三年，1183），有縣宰完顏宗壁書寫唐太宗〈賜真人頌〉偈的刻石，得知其有漢學研習。〔註165〕

59. 完顏問

中都人，由律科出身，任忠顯大夫、章邱（山東章邱）令，盡心治理緝盜，聲績尤著。〔註166〕因律科出身，知為女真漢學研習。

60. 裴滿沒烈

生平欠詳。章宗初任為許州（河南許昌）節度判官兼提學事，協助許州廟學的建立，為女真漢學提倡者。〔註167〕

61. 夾谷中孚

生平欠詳。據元人梁宜所作〈順州廟學記〉，知中孚於章宗明昌初年任順

〔註163〕參見《全遼金詩》，上冊，頁464。

〔註164〕參見倪燦，《補遼金元藝文志》（臺北市，臺灣商務印書館，民國55年），頁36。

〔註165〕參見《全遼金文》，中冊，頁1997。《萬曆山西通志》（中國書店，《稀見中國地方志匯刊》，1992年），卷16，〈名宦上〉，頁28下。

〔註166〕參見《道光濟南府志》（臺北市，臺灣學生書局，民國57年），卷34，〈宦蹟二〉，頁16上。

〔註167〕參見白清臣，〈許州重修宣聖廟碑〉，《全遼金文》，中冊，頁2004～2006。

州（河北順義）同知，與當時提刑、鄉進士等人出俸金捐款，興修孔廟並廟學等，並稱他為「著作郎狀元」。〔註 168〕知其為女真漢學研習又倡行漢學。

以上六十一人為金代中期北族漢學有具體資料可列出者，此外尚有可推斷為漢學研習者，因資料不足或不夠明確，但大體仍有線索可尋而做推斷，列之如下：

62. 完顏宗敘

宗室，本名德壽，闍母第四子，闍母為世祖第十一子，太祖之弟。宗敘「奇偉有大志，喜談兵」，由護衛出身，海陵帝時為翰林待制兼修起居注，修有〈天德起居注〉，應有漢學之研習且為史家。世宗時平契丹叛亂、禦宋等有功，仕至參知政事。〔註 169〕

63. 把內剌

生平不詳。於世宗大定二十五年（1185）策論進士御試時，任職防禦使充讀卷官。〔註 170〕當為通漢學者。

64. 完顏蒲湼

世宗大定十三年（1173）首開女真人選科，以策論進士取士，考試官為侍御使完顏蒲湼等，既為考試官當通知漢學。〔註 171〕

65. 阿不罕德甫

同上述以應奉翰林文字為考試官。〔註 172〕

66. 移剌傑

同上述於大定十三年以應奉翰林文字為考試官，又於大定十五年詔令譯諸經，以翰林修撰講究經義。〔註 173〕是於經學有相當高的水準。

67. 阿 魯

姓氏未詳，於大定十五年以尚書省譯史譯解經書，此人未知是否即太宗

〔註 168〕參見李修生主編，《全元文》（南京市，鳳凰出版社，2004 年），第 39 冊，頁 135～137。

〔註 169〕參見《金史》，卷 71，〈宗敘傳〉，頁 1643～1646。

〔註 170〕參見《金史》，卷 98，〈完顏匡傳〉，頁 2165。

〔註 171〕參見《金史》，卷 51，〈選舉志一〉，頁 1141。另見卷 99，〈徒單鎰傳〉，頁 2185、2186。

〔註 172〕參見前註，〈徒單鎰傳〉。

〔註 173〕參見前註。

三年時，於京師教學女直字之耶魯。〔註174〕

　　金章宗、宣宗二朝曾有關於「德運」的討論，章宗時進行四次，宣宗時又重新討論二次。參與討論有漢臣、女真臣僚七品以上官員等，「德運」之議說明金朝已感染甚深的漢文化，漢人政治文化中古老的德運傳統在於正統的觀念所致。〔註175〕本文無意討論金代的德運之議，這裡只指出參與討論的女真官僚，必應是研習經史漢學者。其中數人後文將個別列出外，尚有數人生平等資料未能考察，故僅列出其姓名於此。接續上文推斷為漢學研習者：

68. 完顏薩喇

任官大理卿。

69. 溫特赫大興

任官翰林直學士。

70. 珠嘉珠敦

任官弘文院校理。弘文院為翻譯經籍之所。

在資料中另有些許人與漢學研習或有關係，列之如下以供參考：

71. 陀滿九住

《金史》載完顏匡與寢殿小底陀滿九住言談，談論伯夷、叔齊之「求仁得仁」。完顏匡通經史漢學已如前述，陀滿九住為侍從小吏也能談論些許經史之義，應是對漢學稍有研習之人。〔註176〕

72. 阿勒根彥忠

本名窊合山，曷速館人，世宗時仕至刑部尚書，史稱其「好學，通吏事」，〔註177〕所言好學應是研習漢學。

73. 完顏兀不喝

會寧府海姑寨人，為女直字學生，補為吏再學女直小字、兼通契丹文字。

〔註174〕參見前註。耶魯見《金史》卷3，〈太宗紀〉，頁530。

〔註175〕關於金代德運之議，見〈大金德運圖說〉，收於《四庫全書珍本》第四集（臺北市，臺灣商務印書館），卷121。另收於《金文最》，卷28、29。相關研究可參見陶晉生，《女真史論》，頁98～101。Hok-lam chan, "Legitimation in Imperial China"（臺北市，弘文館出版社，民國75年）。

〔註176〕參見卷98，〈完顏匡傳〉，頁2164。

〔註177〕見《金史》，卷90，〈阿勒根彥忠傳〉，頁2003。

世宗時仕至府尹、節度使。〔註178〕兀不喝為女直學出身，應有漢學研習。

74. 移剌益

世宗大定二十九年，移剌益以應奉翰林文字與趙瀾等七人為《遼史》編修官，〔註179〕或有漢學研習。

75. 孛尤魯阿魯罕

隆州琶离葛山人。世宗時曾使宋議和，以幹才治績著稱，仕至參知政事、北京留守。史稱其幼年習契丹字，又選習女直字，應有漢學研習。〔註180〕

76. 徒單克寧

本名習顯，其先金源縣人。世宗時參與平契丹窩斜之叛，又禦抵宋軍有功，仕至右丞相。表請立皇太孫（章宗），章宗時為太尉兼尚書令，為世、章宗二朝名臣。史稱其「通女直、契丹字」，或有漢學之研習。〔註181〕

77. 完顏尼福海

世宗時全真道士馬鈺有詩〈和完顏尼福海所聞空中頌四章〉，〔註182〕得知有完顏尼福海其人，能有馬鈺贈和詩，當有漢學文學研習，又習道教之學。

78. 完顏志寧

金儒王若虛有〈太一三代度師蕭公墓表〉，〔註183〕文中言朝廷考試僧道師，志寧為二代師弟子，且為「試經具戒者」，既能通過考試，當有漢學之研習。

79. 粘割沒雅

世宗初即帝位時，有鎮國上將軍左司郎中粘割沒雅上書，言治國之道，安內和宋之策，修繕開封、洛陽宋朝二舊都等。〔註184〕沒雅上書，知為漢學研習者。

〔註178〕參見《金史》，卷90，〈完顏兀不喝傳〉，頁1998、1999。
〔註179〕參見《金史》，卷125，〈党懷英傳〉，頁2727。
〔註180〕參見《金史》，卷91，〈孛尤魯阿魯罕傳〉，頁2024、2025。
〔註181〕參見《金史》，卷92，〈徒單克寧傳〉，頁2043～2052。
〔註182〕參見《全遼金詩》，上冊，頁483。
〔註183〕參見《滹南集》，卷42，頁2下～5下。
〔註184〕參見張棣，《正隆事蹟》（《金史輯佚》本），頁231、232。《三朝北盟會編》引《正隆事蹟》，見丁集。〈炎興下帙〉，卷133，紹興三十一年，頁392、393。

以上為金代中期北族之漢學情形，有具體資料及推測關於漢學者共七十九人。

四、晚期之漢學

晚期的漢學是承繼中期而來，選舉及學校已定於世、章二朝，北族受學校教育及考選取士，人材尤盛，但晚期自貞祐南渡後，國事倥傯於兵馬，對漢學研習有所影響，不過已形成的制度及風氣，漢學研習似未稍退。晚期可知之北族漢學情形列之如下：

1. 完顏伯嘉

字輔之，北京路訛魯古必剌猛安人。為明昌二年（1191）進士。章宗時曾仕太學助教、刺史等。宣宗時仕節度使、知府、御史中丞、翰林侍講、行省等職，大多在經營華北軍政之事。伯嘉對宣宗進諫議論，引經史為說，可謂為研習又倡導漢學者。〔註185〕

2. 完顏阿喜

宗室，襲父猛安職，禦宋軍有功。衛紹王時為節度使，宣宗時歷仕知府、節度使等。史稱其「好學問」，當指研習漢學。〔註186〕

3. 完顏承暉

字維明，本名福興。世宗時選為符寶祇侯，章宗時為兵部侍郎。宣宗時為行省、平章政事、右丞相兼都元帥，主持中都抗禦蒙古軍戰事，後自殺殉國。承暉「好學，淹貫經史」，於漢學當有相當水準，其殉國前曾言：「承暉於《五經》皆經師授，謹守而力行之，不為虛文」〔註187〕，可知通經史外，又能力行實踐五經大義。金儒趙秉文對承暉有極高的讚譽，許之為殺身成仁之士，平日言談即「以劉向抑王氏為忠，以李世勣諫武氏為不忠」，師法司馬光而友慕蘇軾。又與張暐相友善，「醉則酣歌伊呂、兩襄公詞」。〔註188〕承暉確如史載能「淹貫經史」，又能詩歌文學，不亞於漢人儒臣之漢學涵養。

〔註185〕參見《金史》，卷100，〈完顏伯嘉傳〉，頁2208～2214。
〔註186〕參見《金史》，卷66，〈宗室傳〉，頁1569、1570。
〔註187〕參見《金史》，卷101，〈完顏承暉傳〉，頁2223～2227。
〔註188〕參見趙秉文，〈廣平郡王完顏公碑〉，《滏水集》，卷12，頁13下～17上。

4. 完顏弼

本名達吉不，蓋州猛安人。由護衛出身。章宗時有邊功及戰功任防禦使，衛紹王時為右副都點檢。因批評皇親不可恃而貶授防禦使。宣宗時屢有建言，鎮撫內亂、抵禦蒙古，任為山東西路方面大員宣差招撫使。史稱其「愛民省費，有古良將之風」，又言其「平生無所好，惟喜讀書，閒暇延引儒士，歌詠投壺以為常」。〔註189〕可知完顏弼以武略為將，但通漢學，又與儒士日常交往，暇時生活如漢人士大夫，當有文學修養如儒將之流。

5. 完顏阿里不孫

字彥成，曷懶路泰申必剌猛安人。為章宗明昌五年（1194）進士，歷仕縣令、翰林等職。後轉外任為將領，宣宗時任節度使、參知政事、權右副元帥、行省等。後鎮遼東時為謀叛部將所殺。史稱其「寬厚愛人，敏于吏事，能治劇要」。由於阿里不孫為進士出身，當通知漢學，又曾任越王、濮王傅，學養宜有較高水準。〔註190〕故宣宗貞祐初關於「德運議」時，即受命參與討論，其時所載為「越王傅、完顏阿里巴斯」，〔註191〕巴里巴斯即伊爾必斯、阿里不孫的異譯。又可證阿里不孫的漢學程度能參與德運之議。

6. 完顏鐵哥

身世不詳，襲父職速頻路曷懶合打猛安。章宗時為萬戶、防禦使。宣宗時為節度使，後為蒲鮮萬奴所忌害。史稱其質性淳質，御下惠愛，「粗通書」，〔註192〕大體應是略受漢學之研習。

7. 完顏思烈

宗室，昭祖五世孫完顏襄之子。幼年入宮充奉御，宣宗時歷仕都點檢、行省，後病死於中京留守任內。史稱其「資性詳雅，頗知書史」，是漢學研究者。〔註193〕

8. 完顏賽不

宗室，為始祖之弟保活里後裔。初補為親衛軍，章宗時曾任節度使，與

〔註189〕參見《金史》，卷102，〈完顏弼傳〉，頁2252～2256。
〔註190〕參見《金史》，卷103，〈完顏阿里不孫傳〉，頁2280、2281。
〔註191〕見前揭《大金德運圖說》。
〔註192〕參見《金史》，卷103，〈完顏鐵哥傳〉，頁2282。
〔註193〕參見《金史》，卷111，〈思烈傳〉，頁2454、2455。

宋爭戰有功，宣宗時多任軍旅，為統軍、樞密副使。哀宗時為右丞相、樞密使兼左副元帥，行省於徐州，為蒙古及叛軍所迫，自縊而死。賽不於哀宗時，荐李蹊比於唐代之魏徵，又於宣宗廟成行禘祭禮時任大禮使，定配享功臣議論。凡此可知賽不應通經史，為漢學研習者。〔註 194〕

9. 完顏璹

宗室，本名壽孫，字仲實、子瑜，為世宗之孫，越王永功之子。歷各朝皆未出任官職，哀宗時封莋、密國公。璹為晚期漢學中最著名人物，史載其「資質簡重，博學有俊才，喜為詩，工真、草書」，平日以講誦吟咏，多與士大夫唱酬，與名儒文士如趙秉文、楊雲翼、雷淵、元好問、李汾、王飛伯交往最善。宣宗貞祐南渡後，璹盡載家藏名畫法書至汴京，家貧無以供應酒肴，以蔬食待客，焚香煮茶，言談世、章宗故事，出示藏書以論說終日，常樂而不厭。平生詩文甚多，自行刪定為〈如菴小藁〉，存詩三百首、樂府百首。〔註195〕完顏璹之父永功，於上文中期漢學已有列述，涉讀書史，好法書名畫，故有家學淵源。

完顏璹以文藝著稱，今可見其文二篇，據《甘水仙緣錄》所載，其一為〈全真教主碑〉，述全真道派始祖王嚞事跡及其弟子等，其二為〈長真子譚真人仙跡碑〉，述王嚞弟子譚處端事跡。〔註196〕其詩詞作品收於《中州集》，詩四十一首，詞七首，另有增補四首。〔註197〕據劉祁所言佳句之詩例舉三首，〔註198〕其一為〈聞（趙）閑閑再起為翰林〉：

> 蓮燭光中久廢吟，一朝超擢睿恩深。
> 四朝耆舊大宗伯，三紀聲名老翰林。
> 人道蛟龍得雲雨，我知麇鹿強冠襟。
> 寶巖空谷西窗夢，不信秋來不上心。

此詩為贈其好友趙秉文而作。其二為〈過胥相墓〉：

〔註194〕參見《金史》，卷 113，〈完顏賽不傳〉，頁 2479～2484。

〔註195〕參見《金史》，卷 85，〈世宗諸子傳〉，頁 1904、1905。

〔註196〕二文俱收入《金文最》，卷 41，頁 16 下～22 下。

〔註197〕詩作見卷 5，頁 60 下～69 下，詞作見《中州樂府》，頁 23 下～25 上。劉祁《歸潛志》卷 1，頁 5，例舉三首，其中二首未收入於《中州集》。另一首於元好問，《遺山先生集》，卷 36，〈如庵詩文序〉中例舉列出〈自戲〉詩。又另一首為贈王革之詩二句，見《中州集》，卷 7，頁 42 下〈王革〉小傳。

〔註198〕劉祁所例舉三首，見前註《歸潛志》。

> 亭亭華表立朱門，始信征南宰相尊。
>
> 下馬讀碑人不識，夷山高處望中原。

劉祁以為上二首詩「甚有唐人遠意」。其三為絕句：

> 孟津休道濁于涇，若遇承平也敢清。
>
> 河溯幾時桑柘底，只談王道不談兵。

此七言詩在劉祁看來是「不可謂無志者也」。筆者以為劉祁所舉三首外，其他為元好問所收各詩詞皆有佳句，而璹詩不止有「唐人遠意」，還具有宋人高雅清澹之懷，而詩詞意蘊平淡自適兼具釋道為其特色；讀來似隱逸儒者之流。如《中州集》所收詩〈老境〉：

> 老境唯禪況，幽居似寶坊。
>
> 酒盂盛硯水，經卷貯詩囊。
>
> 懶甚書彌少，閒多夢自長。
>
> 不知何處雨，徑作夜來涼。

〈對鏡二首〉之一：

> 鏡中色相類吾深，吾面終難鏡裡尋。
>
> 明月即空空受月，是他空月本無心。

劉祁記述完顏璹生平大要與元好問所言相同，家居以講誦、吟詠為樂，自號「樗軒居士」，與文儒士大夫往來交友等。劉祁言其「能詩、工書」，又言其「舉止談笑真一老儒，殊無驕貴之氣」，居家除琴書滿案之外；「一室蕭然」，而諸子言語不俗，可見其家風教養。〔註199〕元好問有詩〈密公寶章小集〉，也敘述其生活及才藝，並註語言其收藏名家書畫等。〔註200〕敘述其生平較詳者為好問所作〈如庵詩文序〉，此文應為修《金史》時所採用。〔註201〕由序文中得知璹少年時師事朱巨觀（朱瀾，按：巨觀為世宗大定年進士），學書法於任君謨（任詢，參見中期漢學完顏允恭條），「真積之久，擅出藍之譽」，於漢學方面是無書不讀，而以《資治通鑑》為專門，並於書畫鑑賞有高妙之論，其本人「字畫得於蘇、黃之間」，尤喜愛東坡，此外，又參禪學佛。對於《通鑑》研究，元好問云：

〔註199〕參見前註《歸潛志》。

〔註200〕參見《遺山先生集》，卷3，頁7上、8下。

〔註201〕參見《遺山先生集》，卷36，頁6下～7下。關於完顏璹的文學與生活文化可參見王菊艷，〈完顏璹的詩詞創作與金代的民族文化融合〉，收於《金史國際學術研討會專集》（鄭州市，中州古籍出版社，1995年），頁291～299。

　　　　馳騁上下千有三百餘年之事，其善惡是非、得失成敗，道之如

　　目前。穿貫他書，考證同異，雖老於史學者，不加詳也。

在序文又得知完顏璹精擅史學，對《通鑑》有相當深透之研究，但可惜未見
到相關論著。

　　於書畫藝術方面，璹為鑑賞家、評論家、收藏家，而其本身即為藝術名家，
甚為難得。書畫藝術情況如中期宗室允恭，當為世宗家族風氣與教養有關。璹
所藏法書名畫可比於宮廷中祕所藏，喜好畫墨竹，「自成規格，亦甚可觀」，故
而金代畫者有師學其墨竹。〔註202〕名士趙滋從遊於璹，「商略法書、名畫」。〔註
203〕常展示所藏，與來客品第高下，時人推能鑑裁畫者，唯璹與龐鑄、李適三
人而已。故元好問說其「詩筆圓美，字畫清健」，為楊雲翼、趙秉文等名公所嘆
賞。璹所作畫已不能見到，但在元好問所記其時有畫冊留傳，有荷柳、鴨牛等
畫作，〔註204〕可見璹的畫作雖以墨竹為特色，但入畫者尚有其他動植物。

10. 完顏守禧

　　完顏璹第五子，字慶之。風神秀徹，甚得璹之喜愛，欲將所積藏書畫留傳
付之於守禧。後於汴京陷落，病死時年未及三十。〔註205〕據劉祁所言，守禧有
才俊，「作詩與字畫亦可喜」；〔註206〕應是得乃父所傳家學。以文學藝術專長。

11. 完顏從郁

　　宗室，生平欠詳。據元好問《中州樂府》所言，從郁為宗室，本名瑀，
字子玉，衛紹王改賜其名。父為金紫公，有著述《中庸集》，但父名不詳，待
考。從郁以父任為符寶郎，仕至安肅州刺史。以本名瑀來看，當為前述完顏
璹同輩，顯宗、衛紹王諸子輩名皆從「王」，又為衛紹王所改名，或為世宗諸
孫輩人。〔註207〕從郁僅有詞〈西江月〉一首，題為「邯鄲王化呂仙翁祠堂」：

〔註202〕參見《圖繪寶鑑》，卷4，頁79。師學其墨竹為僧人玄悟禪師，見頁81。

〔註203〕參見《遺山先生集》，卷24，〈蓮然子墓碣銘〉，頁8下。卷40，〈題樗軒九歌
　　　　遺音大字後〉，頁7上。

〔註204〕參見《遺山先生集》，卷14，〈祖唐臣所藏樗軒畫冊二首〉，註語中題為「敗
　　　　荷野鴨」、「風柳牧牛」畫題。見頁5上、下。

〔註205〕參見《金史》，卷85，〈世宗諸子傳〉，頁1905。

〔註206〕見《歸潛志》，卷1，頁4。另見《書史會要》，卷8，頁2上。

〔註207〕參見《金史》，卷59，〈宗室表〉，世宗、顯宗、衛紹王等表，頁1373～1375。
　　　　又衛紹王諸子表中，長子為從恪，則改瑀名為從郁也能合其輩行名。從郁生
　　　　平略述參見《全遼金文》，下冊，頁3461。

壁斷何人舊字，爐寒隔歲殘香。洞天人去海茫茫。玩世仙翁已
往。西日長安道遠，春風趙國臺荒。行人誰不誤黃糧（梁），依舊紅
塵陌上。〔註208〕

詞句簡明悠揚，典雅清晰，又意境幽遠，是從郁文學之佳作。

12. 完顏仲德

本名忽斜虎，合懶路人。初試補親衛軍，泰和三年（1203）進士及第，
歷仕州縣。宣宗時為刺史，哀宗時以方面禦抵蒙古軍為行省事。金亡時於蔡
州城力戰，投水而死。仲德少讀書習策論，有文武才幹，學業不輟而中進士，
當為漢學研習者。史稱其「雖在軍旅，手不釋卷，門生故吏每以名分教之」，
又是漢學之倡導者。《金史》對之評價甚高，謂「南渡以後，將相文武，忠亮
始終無瑕，仲德一人而已」。〔註209〕

13. 完顏陳和尚

名彝，字良佐，豐州人，為疏族蕭王諸孫。少年時為蒙古所掠俘，與從
兄斜烈得間逃歸。陳和尚初補護衛，後隨斜烈任軍職。哀宗時任忠孝軍提控，
大昌原之戰以少兵破蒙古軍，名動天下。三峯山之戰，金軍敗潰，後於鈞州
殉國。陳和尚本即天資高，好文史，於任護衛時，即為人視之為秀才，在從
兄斜烈軍中時，與名士王渥相師友，受學《孝經》、《朱氏小學》、《論語》、《左
傳》等，於軍中無事之暇，習作牛毛小字書寫。後曾因治事違法，在獄中仍
聚書而讀，勤奮於學問至此。劉祁言陳和尚不止從王渥習漢學諸經，還從其
學書法。〔註210〕

14. 完顏斜烈

為上述陳和尚從兄，世襲猛安，金末與陳和尚皆以善戰出名，曾任元帥、
總領，哀宗時病卒。史稱其「敬賢下士，有古賢將之風」，曾縱遣歐陽修子孫

〔註208〕見《中州集》，〈中州樂府〉，頁31下、32上。詞句中「行人誰不誤黃糧」，《全
金元詞》中，「糧」字作「梁」，但「梁」字恐有誤，應作「梁」字，「梁」與
「糧」字倒可通假，乃取「枕中記」「黃粱夢」典故。

〔註209〕參見《金史》，卷109，〈完顏仲德傳〉，頁2605～2610。另參見《歸潛志》，
卷6，頁61、62。

〔註210〕參見元好問，〈贈鎮南軍節度使良佐碑〉，見《遺山先生集》，卷27，頁9上
～12上。《金史》據之為列傳，見卷123，〈忠義傳三〉，頁2680～2682。從
王渥學書法事，見《歸潛志》，卷6，頁62。

族屬鄉里三千餘人。〔註211〕劉祁記斜烈云：「性好士，幕府延致文人」，〔註212〕如上文所述，延攬王渥即是。斜烈當有漢學研習，雖不如其弟陳和尚，也應有相當基礎，而且還當是漢學之倡導實踐者。

15. 完顏素蘭

一名翼，字伯揚，家世不詳。至寧元年（1213）策論進士。宣宗時任翰林文字、監察御史，屢次進言，擢為侍御史，翰林待制。哀宗時任參知政事、行省、安撫使等職，後召還朝廷，於道途中遭害。史稱其居父喪時「不飲酒，盧墓三年，時論以為難」，〔註213〕可謂為漢學實踐者，又為進士及第，當有漢學研習。據金末狀元王鶚言，哀宗於正大五年（1228，恐有誤，當為正大三年）設益正院，以翰林學士完顏素蘭等六人為院官，輪值進講《尚書》、《貞觀政要》、《通鑑》等經史之書，另編訂《尚書要略》、《大定遺訓》、《萬年龜鏡錄》三書，書皆摘取精華且切於實政者。這些都是經筵講學形式，〔註214〕完顏素蘭既為當時之經筵官，漢學應有較高的水準，是儒臣名士。

16. 完顏奴申

字正甫，為上述素蘭之弟，出身策論進士，哀宗初為翰林直學士充益政院說書官。後仕為參知政事兼樞密副使，哀宗出奔歸德，奴申留守汴京，臨變局而無所作為，後為西面元帥崔立所殺。〔註215〕奴申為進士、說書官，情形與其兄素蘭相同，當是通經史漢學者。

17. 蒲察元衡

字君平，世為貴族。年十一登童子舉，入太學，泰和三年（1203）策論進士。歷仕諸縣，宣宗時為監察御史、刑部郎中。哀宗時仕為節度使。〔註216〕

〔註211〕參見前註，《金史》，頁 2683。

〔註212〕參見《歸潛志》，卷 6，頁 62。

〔註213〕參見《金史》，卷 109，〈完顏素蘭傳〉，頁 2397～2402。據王鶚，《汝南遺事》（臺北市，新興書局，影印指海本），卷 4，〈總論〉，言素蘭為崇慶二年策論進士狀元。見頁 9 下。

〔註214〕參見前註，《汝南遺事》；頁 10 上。然據《金史》，卷 17，〈哀宗紀上〉，益政院設於正大三年（1226）八月，見頁 378。又據卷 110，〈楊雲翼傳〉，益政院設於正大三年，見頁 2423。故王鶚所記恐有誤，或係記五年時益政院事。至於進講、編定諸經史等書，可參見〈哀宗紀上〉，正大三、四年所載，及〈楊雲翼傳〉等。

〔註215〕參見《金史》，卷 115，〈完顏奴申傳〉，頁 2523～2526。

〔註216〕參見元好問，《遺山先生集》，卷 20，〈資善大夫集慶軍節度使蒲察公神道碑

元衡為學校出身，又為進士及第，是通經史漢學者。

18. 蒲察世達

生平欠詳，以金末王鶚所記，世達字正甫，泰和三年策論進士，哀宗時為左司郎中、同簽樞密院事、翰林直學士充益政院官，後為尚書吏部侍郎權行六部尚書事。〔註217〕世達與上述元衡情形類似，為通經史漢學者。

19. 蒲察琦

本名阿憐，字仁卿，棣州陽信人。試補為吏，襲謀克。哀宗於汴京立講議所，接受陳言文字，選朝臣名士於其中，蒲察琦受選入講議所，並與元好問甚為相得。崔立叛取汴京後，自縊而死。史稱其「沉靜好讀書，知古今事」。〔註218〕當是通經史漢學者。

20. 蒲察孟里

生平不詳。衛紹王至寧元年（1213，衛紹王於八月被殺，九月宣宗即位，改元貞祐）時為興安路猛安，作有〈染莊社記〉一文。〔註219〕文字簡要通暢，應為漢學研習者。

21. 蒲察從宜

生平不詳。晚金道士于道顯有〈贈息州蒲察從宜相公〉詩，〔註220〕得知從宜與道教人士有所往來，也能讀悉漢文詩句，應有漢學的研習。

22. 蒲察索

生平不詳。據陸增祥《八瓊室金石補正》收有〈蒲察大使詩刻〉，署名為蒲察索〈海市詩〉，〔註221〕詩句平暢，是漢學研習者而能作詩。

23. 夾谷土刺

字大用，合懶路人。弱冠始知讀書為學，登章宗泰和三年（1203）策論進士，任縣主簿。宣宗時仕為戶部郎中，哀宗時歷仕刺史、防禦、節度等使。

并引〉，頁 12 下～14 上。

〔註217〕參見王鶚，《汝南遺事》，卷2，頁694，卷4，頁750。

〔註218〕參見《金史》，卷124，〈忠義傳四〉，頁2703、2704。

〔註219〕參見《金文最》，卷14，頁11下。

〔註220〕參見《全遼金詩》，中冊，頁1709。于道顯生平參見元好問，〈紫虛大師于公墓碑〉，《遺山先生集》，卷31，頁5下～7下。

〔註221〕參見卷128，頁26上、下。（臺北市，新文豐書局，石刻史料新編）。

金亡之際北歸。土剌出身進士，當知漢學，北歸後深居不出，僅與內翰魏邦彥有所往來，「考論文藝」，是具文學素養。〔註222〕

24. 夾谷德固

生平不詳，或為猛安、謀克之類貴族，在軍中勇悍能戰而有名聲，「作詩多有可稱」，曾有詩贈劉祁之弟郁。〔註223〕是為文學之士。

25. 烏古孫仲端

本名卜吉，字子正。章宗承安二年（1197）策論進士。宣宗時仕禮部侍郎，出使蒙古。哀宗時為節度使、翰林承旨、留守汴京。崔立兵變前作詩示同年進士裴滿思忠，大意說人生如巢燕，有處於富貴貧賤不同，但終有一死。後與妻偕同自縊而亡。史稱其「奉公好善，獨得士譽」，是文學之士。〔註224〕劉祁言金亡時，僅仲端為大臣中全節義者，又言仲端出使蒙古歸時，以在西北所見使趙秉文紀錄之，秉文以之交付給李之純，之純又交付給劉祁，記錄此事並由趙秉文書寫立石，到元初時仍傳於世。〔註225〕

26. 奧屯良弼

生平欠詳。哀宗正大二年（1225）為禮部尚書，曾出使夏國。今可見其詩作二首，其一為女真文詩〈敬贈子明太尉〉（漢譯），其二為〈過草堂值雪〉。〔註226〕女真文詩經轉譯潤色成漢詩，難以討論，另一首詩如下：

> 古寺深沉半掩關，颾颾風竹水潺潺。
>
> 天公知我來禪剎，故使圭峯變雪山。

〔註222〕參見元好問，《遺山先生集》，卷 20，〈資善大夫武寧軍節度使夾谷公神道碑銘〉，頁 14 上～17 下。

〔註223〕參見劉祁，《歸潛志》，卷 6，頁 63、64。

〔註224〕參見《金史》，卷 124，〈忠義傳四〉，頁 2701、2702。

〔註225〕參見劉祁，《歸潛志》，卷 6，頁 60、61。劉祁言金亡時殉國大臣全節義者惟仲端一人，實則不止仲端，尚有多人，其所謂「大臣」未有定義，參看《金史》之〈忠義傳〉可知。

〔註226〕關於奧屯良弼及其詩，參見《全遼金詩》，下冊，頁 2941。作者小傳言天興二年(1233)汴京崔立之亂，封良弼為尚書左丞，係根據《金史》卷 18 所載，察卷 18〈哀宗紀下〉所載為「宣徽使奧屯舜卿為尚書左丞」，故以舜卿即良弼，恐需再加考察。又據《歸潛志》所載為「前衛尉奧屯阿虎帶為尚書右丞」。見卷 11，〈錄大梁事〉，頁 129。良弼、舜卿、阿虎帶名字不同，官職有異，三者是否為同一人，又舜卿或是忠孝之子阿虎，有待討論。又在《金史》，卷 115，〈崔立傳〉中並無記載良弼其人，供作參考。

文句淺白略帶妙趣，是具有文學基礎。

27. 奧屯忠孝

字全道，本名牙哥，懿州胡土虎猛安人。幼孤而事母盡孝。大定二十二年（1182）進士，由吏升至翰林、節度使。宣宗時為參知政事，因急於功名有疵政，後罷為知府。忠孝既為進士，當知漢學。〔註227〕

28. 奧屯阿虎

即上述忠孝之子，字舜卿。大定二十八年（1188）策論進士，官提點近侍局，此為哀宗時近侍局「亦必參用儒生」的政策。阿虎及其父忠孝皆為進士，是漢學研習者。〔註228〕

29. 朮虎筠壽

初名雲壽，字堅夫，世為上京人。大定時選充親衛軍。章宗時讀律令，受《春秋》學，又得儒者曹鼎所教學，涉獵史傳，強學而志堅。宣宗時任節度使。元好問言其如寒苦書生，又譽之為以衛士而治儒術唯一之人。〔註229〕

30. 朮虎仲道

即上述筠壽之子。筠壽有五子，其中二子早卒。因筠壽嗜好書史，親自授學三子，至「夜參半猶課誦不已」，除有二子早卒外，三子受教學，皆能自立有聞於當時。列之如下。〔註230〕

31. 朮虎仲貞

同上，為筠壽次子，任櫟陽酒監。

32. 朮虎仲坦

同上，為筠壽三子，任閿鄉縣令。

33. 朮虎高琪

西北路猛安人，大定時護衛出身。後歷仕為刺史、知府。章宗時冊封宋叛將吳曦為蜀王，高琪為冊封使。宣宗時專殺權臣紇石烈執中，繼之為權臣，

〔註227〕參見《金史》，卷104，〈奧屯忠孝傳〉，頁2298、2299。
〔註228〕參見《汝南遺事》，卷4，〈總論〉，749。
〔註229〕參見元好問，《遺山先生集》，卷27，〈龍虎衛上將軍朮虎公神道碑〉，頁1上～6下。《元史》取材於〈神道碑〉部份成傳，但記之甚為簡略，見卷100，〈朮虎筠壽傳〉。頁2214。
〔註230〕參見前註《遺山先生集》，頁5上、下。

專國政，仕至右丞相。高琪於章宗朝為冊封使時，章宗以之為「讀書解事」之人，是知高琪有漢學之研習。〔註231〕

34. 尤虎邃

原名玹，字溫伯，又字士玄，為納鄰猛安。身為貴族，刻苦為學如寒士，受學於名儒詩家辛愿（敬之），日常粗衣糲食，以吟咏詩歌為事，又喜與士大夫交游講學。後奉命抵禦蒙古，死於兵亂。劉祁屢之交游講學，故記述其生平，並載錄其詩作三首半。〔註232〕今錄二首以作參考：

其一為〈睢陽道中〉，述其避亂思歸之情懷：

> 又渡澂江二月時，淮陽東下思依依。
> 邱園寂寞生春草，城闕荒涼對落暉。
> 去國十年初避亂，投荒萬里正思歸。
> 臨歧卻羨春來雁，亂逐東風向北飛。

其二為〈書懷〉，同是述描思鄉之情：

> 關中客子去遲遲，飄泊炎荒兩鬢絲。
> 三楚樓台淹此日，王陵鞍馬想當時。
> 春風草長淮陽路，落日雲埋漢帝祠。
> 回首故鄉何處是，北山天際綠參差。

二首詩為思鄉抒情，甚有唐人風格情致。

35. 烏古論貞

字正卿，小字四和馬，晚金（或在哀宗時）為近侍局使，元初任職大名宣撫司參議。有〈與呂子謙書〉、〈與游宣撫書〉二文。〔註233〕二文是問候書信，文詞簡潔可讀，有漢學之教養。

36. 僕散汝弼

字良弼，古齊人，家世未詳。曾仕為近侍副使。陝西潼臨縣有〈風流子〉詞刻石，立於哀宗正大三年（1224）。元代時，縣令僕散希魯立石。金

〔註231〕參見《金史》，卷106，〈尤虎高祺傳〉，頁2339～2346。
〔註232〕參見《歸潛志》，卷3，頁25、26。
〔註233〕參見《金文最》，卷28，頁4上、下。張金吾按語言「《玉堂嘉話》云：烏古論貞，字正卿，前朝進侍局大使」。見元初王惲，《秋澗集》（臺北市，臺灣商務印書館，《文淵閣四庫全書》本），卷96載〈玉堂嘉話〉卷4，頁16上、下。烏古論貞作「烏庫哩貞」。

末任潼臨縣主簿慕蘭曾作記，記文中言汝弼「博學能文，尤工於詩」，曾過華清（池），作詞題於壁，「清新婉麗，不減秦晏」，四方爭誦為絕唱。詞句如下：〔註234〕

> 三郎季（年）少客，風流夢，繡嶺蠢瑤環，看溶酒發春，海棠睡暖，笑波生媚，荔子漿寒。況此際，曲江人不見，僵月事無端，羯鼓數聲，打開蜀道，霓裳一曲，打破潼關。　馬嵬西去路，愁來無會處，但淚滿關山。賴有紫囊來進，錦鞲傳看。嘆玉笛聲沉，樓頭月下，金釵信杳，天上人間。幾度秋風渭水，落葉長安。

僕散希魯稱良弼之詞作「幽麗悽惋」，其字畫為「字畫勁峭」。

37. 徒單銘

字國本，忒黑闕剌人，父貞娶海陵帝之妹，為皇親家世。史稱其「性重默寡言，粗通經史，事母盡孝」。衛紹王時仕為知府、宣撫使，宣宗初即位時拜尚書右丞。〔註235〕

38. 蒙古綱

本名胡里綱，咸平府猛安人。章宗承安五年（1200）進士，任國子助教。宣宗時歷仕知府、節度使、行省等職，後以戰亂遇害。〔註236〕

39. 裴滿阿虎帶

字仲寧，泰和三年（1203）策論進士，歷任清要。哀帝時曾以翰林直學士與楊雲翼、完顏素蘭等為益政院官，任經筵之職。又曾任御史大夫出使蒙古，後因汴京崔立之變，自縊死。〔註237〕

40. 和速嘉安禮

字子敬，本名酌，大名路人。為世宗大定二十八年（1188）進士。衛紹王時為刺史，宣宗時抗蒙古軍，城破而死。史稱其「穎悟博學，淹貫經

〔註234〕參見《金石萃編》，卷158，頁50下～52下，〈溫泉風流子〉詞句、並題記、跋等。

〔註235〕參見《金史》，卷120，〈世戚傳〉，頁2628。其父徒單貞，見卷232，〈逆臣傳〉，頁2826～2828。

〔註236〕參見《金史》，卷102，〈蒙古綱傳〉，頁2256～2261。蒙古綱或以蒙古人而以之為姓，參見陳述前揭書，頁7。

〔註237〕參見《歸潛志》，卷5，頁50，《汝南遺事》，卷4，〈總論〉，頁750。《金史》，卷124，〈忠義傳四〉，頁2703。

史」，〔註238〕當為通經史之儒臣。

41. 納蘭胡魯剌

大名路怕魯歡猛安人。「性淳直，寡言笑，好讀書，博通古今」，為章宗承安二年（1197）進士第一。任為應奉翰林文字，轉任修撰，為執政推為廉能有文采。宣宗時仕至節度使、權宣撫使。〔註239〕是為學行皆優之儒臣。

42. 納坦謀嘉

上京路牙塔懶猛安人。初習業策論進士，世宗末年選入東宮，教授皇孫讀書。章宗時特賜同進士出身，章、宣二朝歷任教授、翰林等清要之職，後出任防禦、節度等使，召為侍講學士，兼兵部侍郎，同修國史。〔註240〕謀嘉於宣宗時參與德運議論，又可說明其漢學經史之水準。〔註241〕

43. 烏林答爽

字肅孺，女直世襲謀克。雖家世貴族但甚為貧窮，粗衣惡食尚能恬然自如。風神俊美，喜交游名士，性聰敏，能作詩、奇語。與劉祁頗有交往，日間談論，「夜歸其室，抄寫諷誦終夕」。年未三十歲，於哀宗天興元年（1232）赴水殉國。劉祁記其事並錄詩句如下：〔註242〕

其一，詩題為〈鄴研〉：

> 上有丹錫花，秋河碎星斗。
> 磨研清且屬，玉瑟鳴風牖。

其二，詩題為〈古尺〉：

> 背逐一道十三虹，赤鬣金麟何天嬌。
> 飜思昨夜雷霆怒，只恐乘雲上天去。

其三，詩題為〈七夕曲〉，但僅得二句：

> 天上別離淚更多，滿空飛下清秋雨。

劉祁評之為「其才清麗俊拔似李賀」。可惜年輕即亡，未及見大成之日。

〔註238〕參見《金史》，卷121，〈忠義傳一〉，頁2646、2647。

〔註239〕參見《金史》，卷103，〈納蘭胡魯剌傳〉，頁2282、2283。

〔註240〕參見《金史》，卷104，〈納坦謀嘉傳〉，頁2287、2288。另參見卷93，〈顯宗諸子傳〉，世宗選「進士之有名行者納坦謀嘉」教授顯宗子鄆王琮讀書。頁2056。

〔註241〕參見前揭〈大金德運圖說〉。

〔註242〕參見《歸潛志》，卷3，頁26。

44. 粘割暉

一名全周，字子陽，策論進士。宣宗時任行院參議官，曾上章論名器。哀宗時任權節度使，抗蒙古軍兵敗，城破自縊死。〔註 243〕全周為進士當知漢學，又於哀宗正大二年（1225）時曾任西省郎中，過隴州汧陽縣，為新修玉清觀碑文補葺立石事，談論道家之學旨，知其漢學學養及倡導之心。〔註 244〕

45. 石抹世勣

契丹人，字景略，又字晉卿，佔籍於咸平府路酌赤烈猛安莎果歌仙謀克。父元毅，章宗時死於邊事。世勣為承安五年（1200）詞賦、經義兩科進士及第。宣宗時任太常、講議所事，出為節度使。哀宗時為禮部尚書、翰林侍講學士。後金亡於蔡州，世勣與其子嵩於城破時俱死。〔註 245〕

元好問於《中州集》收錄其詩一首，題為〈紙鳶〉：

鵰鳶雕鶚誰雌雄，假手成形本自同。

果物戲人人戲物，為風乘我我乘風。

扶搖漫擬層霄上，高下都歸半紙中。

兒輩嗷嗷方佇目，豈知天外有冥鴻。〔註 246〕

詩句簡明，但寓意深遠。劉祁言世勣「少有詞賦聲，擢第。讀書為文有體致」。〔註 247〕世勣為詞賦、經義兩科進士，為金代北族進士所僅見，於漢人進士亦罕見，其漢學程度應甚高，惜其作品目前只有詩作一首。又世勣於宣宗時曾參與德運之議。〔註 248〕

46. 石抹嵩

字企隆，即上述世勣之子。為宣宗興定二年（1218）經義進士。哀宗時任縣令、應奉翰林文字。蔡州城破，父子俱死。〔註 249〕

〔註 243〕參見《金史》，卷 110，〈古里甲石倫傳〉附〈全周傳〉，頁 2443、2444。
〔註 244〕參見李邦獻，〈隴州汧陽縣新修玉清觀碑〉，《金文最》，卷 41，頁 14 上～15 下。
〔註 245〕參見《金史》，卷 114，〈石抹世勣傳〉，頁 2517～2519。其父〈石抹元毅傳〉參見卷 121，頁 2643、2644。
〔註 246〕參見卷 8，頁 41 上。
〔註 247〕參見《歸潛志》，卷 4，頁 39。
〔註 248〕參見前揭《大金德運圖說》。
〔註 249〕參見前揭〈石抹世勣傳〉。

47. 耶律思忠

字天祐，小字善才，契丹東丹王耶律倍八世孫。父履為金代中期名臣，亦為前述中期漢學人物。宣宗時任節度使、中京副留守。崔立以汴京降元，思忠因弟楚才之故得免，北上見元太宗，後南歸投水死。思忠「讀書知義理」，有漢學之研習。〔註250〕

48. 耶律浩然

生平不詳。《圖繪寶鑑》載「耶律浩然工山水」，〔註251〕是為藝術家。元好問有〈跋耶律浩然山水卷〉詩，〔註252〕又可證浩然是晚金之山水畫家。

49. 移剌買奴

字溫甫，契丹世襲猛安。讀史書，有慷慨義氣，喜交游士大夫。曾任宣撫使，後於領軍兵中病亡。買奴自號「拙軒」，名儒趙秉文、劉祁為之作賦、銘等。〔註253〕於漢學頗有通曉。

50. 移剌粘合

字廷玉，即上述買奴之弟。曾任彭城軍帥，以名士雷淵為幕僚，楊叔能、元好問等名士從游，一時士望甚重。哀宗末時，知金國將亡，率軍民投宋，後病死於襄陽。黏合、買奴兄弟皆好文學，故延致名士於幕府。〔註254〕

51. 移剌答

生平不詳。晚金于道顯有〈寄德順州移剌答節副〉詩，知其有文學教養，並於宣、哀宗時任德順州節度副使。〔註255〕

52. 陳仲和

生平欠詳。為遼漆水郡王（降虎太師）之後，以蔭補累官至三品，金末

〔註250〕參見元好問，《遺山先生集》，卷 26，〈龍虎衛上將軍耶律公墓誌銘〉，頁 13下～14下。

〔註251〕參見卷 4，頁 80 下。

〔註252〕參見《遺山先生集》，卷 14，頁 14 下。

〔註253〕參見劉祁，《歸潛志》，卷 6，頁 63。趙秉文，《滏水集》，卷 2，〈拙軒賦〉，頁 17 上～18 上。

〔註254〕參見前註《歸潛志》。

〔註255〕參見《全遼金詩》，中冊，頁 1707，此外尚有〈贈移剌大師〉詩，但不知是否為移剌答？又德順州屬鳳翔路，原為刺史州，於宣宗貞祐四年（1216）升為節鎮，知其節度副使當在晚金時期。見《金史》，卷 26，〈地理志下〉，頁 645。

喪亂，行止如僧人。金末李俊民有詩二首贈與仲和。〔註 256〕

53. 張　澄

字之純，別字仲經，遼東烏惹族（部）人，為中期漢學張子厚之子，子厚死時年卅五，故張澄早孤家貧，仍以閉門讀書為業，曾與名士劉勳（少宣）、辛愿（敬之）、趙元（宜之），劉昂霄（景玄）相師友，故「詩文皆有律度」，又受劉祖謙習文學，後移居於山東東平，受蒙元東平行台嚴實待以師賓之禮，教授於館，後任為參議。張澄致力於文史，以詩為專門之學，有《橘軒詩集》。因「詩名甚籍」，故元好問為張澄編詩、作序，錄詩作數首。〔註 257〕

其詩句舉例如下：

（1）齊客計窮思蹈誨，杞人癡絕漫憂天。

（2）懷璧黏蝸覬國步，荒池漂蟻失軍容。

其他詩作題為〈積雨〉、〈和林秋日感懷寄張文御史〉二首、〈輥馬圖〉。〈和林秋日感懷〉詩其中一首如下：

塞草枯黃秋未殘，北風裘褐日生寒。

田園政憶遂初賦，冰雪莫吟行路難。

囊穎路錐徒自苦，蒯緱有劍祇空彈。

南窗明暖無塵到，慚愧高人老鶡冠。

元好問於張澄詩集序文中，又舉出佳句如下：

（1）一雨天地來，濤聲破清曉。

（2）寒客遠峰猶帶雪，媛私幽圃已多花。

其他詩作尚有〈永寧王趙幽居〉、〈春思〉、〈書事〉、〈贈劉祁〉，及其他殘句等。〔註 258〕今再舉〈春思〉詩為參考：

一春常作客，連日苦多風。

野樹淒迷綠，櫩花暗澹紅。

〔註 256〕參見李俊民，《莊靖集》（《九金人集本》），卷 1，〈遼漆水郡王降虎〉註語言：「陳仲和之遠祖」。頁 16 上。卷 4，〈贈陳仲和〉，詩序文略記仲和之身世，頁 20 下。

〔註 257〕參見《中州集》，卷 8，頁 57 上～58 下。張澄生平經歷及詩作較詳者，參見《遺山先生集》，卷 37，〈張仲經詩集序〉，頁 1 上～2 下。

〔註 258〕參見前註，又《歸潛志》，卷 14，收有張澄贈劉祁詩作，無詩題，暫訂為〈贈劉祁〉詩，見頁 181。其詩集無流傳，不得見全貌。《全遼金詩》收張澄詩作七題八首，殘詩二十五則，見頁 2808～2816。

愁隨詩卷積，囊與酒樽空。

巢燕如相識，頻來草舍中。

54. 馬慶祥

字瑞寧，小字習禮吉思。先世西域人，或為回鶻人（花門貴種），或為雍古（汪古）部人。少年通六國語文，章宗末補為譯史，出使夏、高麗。衛紹王時出使蒙古，後為鳳翔府路都總管府判官。宣宗末，抗蒙古軍，不屈而死。元好問為之作神道碑，〔註259〕言其忠義奮發，重君父之節，居家教子、甥，習諸國語文，又言「君嚴於教子，動有成法，必使之遠大者」，推斷慶祥應略通漢學。

55. 石珬（赤盞）德玉

字君寶，遼東蓋州人。宣宗初以良家子從軍，仕至武德將軍。金亡元初時，曾出仕於相、衛之間。晚年游心於命學，「以修己安分為答」，以作畫為樂，有〈洪山歸隱圖〉畫作，自號「洪崖老人」。生平於金末元初，善畫墨竹禽鳥，又為文學曲家，《錄鬼簿》錄其雜劇十種。〔註260〕德玉當為通漢學之藝術人士。

56. 完顏孟陽

生平欠詳。字和之，籍於遼東，當係女真人。據王惲〈陰碑先友記〉所載，孟陽以門資起身，任為掾吏，金亡後未出仕，喜好古書，家藏至千餘卷，當為漢學研習者。〔註261〕

〔註259〕參見《遺山先生集》，卷27，〈桓州刺史馬君神道碑〉，頁6下～8下。《金史》據之為傳，參見卷123，〈忠義傳四〉，頁2695、2696。指慶祥為雍古部人，見蘇天爵，《滋溪文稿》（臺北市，國立中央圖書館，《元代珍本文集彙刊》，民國59年），卷19，〈元故奉訓大夫昭功萬戶府知事馬君墓碣銘〉，頁771～774。文載：「馬氏本雍古部族，金季有為鳳翔兵馬判官死節者」，所指者即馬慶祥。《元史》，卷143，〈馬祖常傳〉，所載相同，見頁3411。又陳垣以為馬氏乃基督教世家（也里可溫）聶思脫里派，但仍未確證其族屬，見《元西域人華化考》，收於《元史研究》（臺北市，九思出版社，民國66年），頁17下～21下。

〔註260〕參見王惲，《秋澗集》，卷60，〈洪崖老人石珬公墓碣銘〉，頁10上～11下。其生平考證參見孫楷第，《元曲家考略》（臺北市，文史哲出版社，民國78年）頁12～14。畫藝見《圖繪寶鑑》，卷5，頁107。曲劇見鐘嗣成，《錄鬼簿》（《續修四庫全書》），卷上，頁151下。

〔註261〕參見王惲，《秋澗集》，卷59，頁7下。

57. 李　執

生平欠詳。據黃溍為元代中期名臣李孟所寫〈行狀〉，其父親李唐，祖父李昌祚，曾祖即李執。李氏出於後唐皇室，即沙陀李克用家族，籍於山西潞州（長治）為著姓。李執於金末舉進士不第，以行義見稱。由是知其有漢學研習。〔註262〕

58. 抹撚公

女真人，生平及其名字不詳。據武曦所作〈乾州刺史抹撚公德政碑〉所載，知其為河北大名顯赫世家，「性通敏博學，尤深於《易》理」，是有相當水準的漢學者，且專經於《易》。文中又說他於章宗泰和年間出為翰林奉應，歷仕至乾州（陝西乾縣）刺史，任內「賓禮賢德，發摘奸伏」，為政有義信武文，州人為立德政碑。〔註263〕

金代自中期世宗時創設女直進士科，倣漢制科舉取士，即策論進士。初期以試策為主，後增試論。大定四年（1164）即開始頒行女直大、小字所譯經書，並命每謀克選二人學習，是推廣漢學之研習。後又設女直字學校、女直國子學等。大定十三年首開女直進士科考選，策題以漢學經史，故女直進士可說是皆為通知漢學之士。〔註264〕本文除前述漢學人物中，有部份為進士身份外，另有多人尚未列入，主要是以有具體漢學可言者先行列入之故，其餘諸多進士於史料中不易看出或並未載錄具體的漢學研習內容、成果。女直進士雖用女真文字表達，但其內容則為漢學，所讀書籍或為漢文，或由漢籍轉譯成女真文，總之是漢學的內容及思想觀念，甚至表現的形式、方法也都是漢學的形式與方法。因此，以下接續列出女直進士諸人；這些人物絕大部分

〔註262〕參見黃溍，《金華先生文集》（《四部叢刊初編》），卷23，頁225。另參見劉敏中，《中庵集》（臺北市，台灣商務印書館，《四庫全書珍本》三集），卷16，〈李唐神道碑〉，頁4下。《元史》，卷175，〈李孟傳〉，頁4097。

〔註263〕參見《全遼金文》，下冊，頁2754、2755。又見《金文最》，卷41，頁4上5下。

〔註264〕女直進士科，參見《金史》，卷51，〈選舉志一〉，頁1130、1140～1144。關於女直進士科之研究，及其與女真本土化運動之關係，參見陶晉生，《邊疆史研究集──宋金時期》（臺北市，臺灣商務印書館，民國60年），收有〈金代中期的女真本土化運動〉，頁50～63。〈金代的女真進士科〉，頁64～75。另參見薛瑞兆，《金代科舉》（北京市，中國社會科學出版社，2004年），其中關於女真進士部份。都智興，《遼金史研究》（北京市，人民出版社，2004年），第一章，第五、六節關於女真進士部份。

都屬於晚期之漢學。又若無史料可供說明者，則僅列其姓名作為參考。

59. 完顏寓

本名訛出，西南路猛安人，大定二十八年（1188）進士。章宗時任國史、翰林官，吏部員外郎等。衛紹王時為翰林、侍御史。宣宗時任節度、統軍副使，行元帥府事等，守密州城破，為亂軍所殺。〔註265〕

60. 完顏閭山

蓋州猛安人，明昌二年（1191）進士。歷仕觀察、轉運判官，節度、工部尚書。宣宗時為知府，參與攻宋戰爭，召為吏部尚書、行元帥府事等。曾建言勿以苛刻聚斂者為戶部官員。〔註266〕

61. 完顏珠顆

生平不詳。女直進士出身，宣宗時汴京有崔立之變亂，珠顆時任戶部尚書，自縊死。〔註267〕

62. 蒲察思忠

本名畏也，隆安路合懶合兀主猛安人，大定二十五年（1185）進士。歷仕主簿、國子助教、翰林文字、太學博士、潞王傅等，參與議論武成王廟配享，後遷司諫、修國史、侍講讀等。宣宗時以翰林學士同修國史卒。〔註268〕是以史學為專長者。

63. 蒲察桓端

生平不詳，字顯之，章宗泰和六年（1206）進士。哀宗天興二年（1233）時任官京西路大司卿。〔註269〕

64. 蒲察婁室

東北路按出虎割里罕猛安人，章宗泰和三年進士。任主簿、令史，宣宗時任監察御史、元帥參議官、刺史、權元帥右都監、安撫使等職；死於對蒙古軍戰事。〔註270〕

〔註265〕參見《金史》，卷104，〈完顏寓傳〉，頁2301、2302。

〔註266〕參見《金史》，卷100，〈完顏閭山〉，頁2204、2205。

〔註267〕參見《金史》，卷124，〈忠義傳四〉，頁2703。

〔註268〕參見《金史》，卷104，〈蒲察思忠傳〉，頁2299、2300。

〔註269〕參見《汝南遺事》，卷3，頁713。

〔註270〕參見《金史》，卷122，〈忠義傳二〉，頁2669。

65. 粘割貞

本名抄合，西南路招討司人，大定二十八年進士。歷任教授、節度副使、刺史。宣宗時任國子祭酒、節度使、工部尚書、元帥左都監，守晉安府禦蒙古軍，城破死。〔註271〕

66. 粘割（嚴葛）希尹

字仲傑，婆速路五里甲海下人，章宗承安五年（1200）經義進士。〔註272〕當以經學為專長。

67. 粘割（葛）完展

字世昌，章宗泰和三年（1203）策論進士，生平欠詳。哀宗天興二年（1233）為鞏昌行省。次年蔡州城破，金亡。綏德州帥汪世顯攻殺完展降元。〔註273〕

68. 粘割（葛）奴申

史載其「由任子入官，或曰策論進士」，哀宗末為吏，後任防禦、節度使、參政、行省於陳州。崔立汴京變亂時，陳州兵變被害。〔註274〕

69. 烏古論榮祖

本名福興，河間人，章宗明昌二年（1191）進士。歷任令史、弘文院校理、節度副使、刺史等職。宣宗初力戰蒙古軍，城破而死。〔註275〕

70. 烏古論仲溫

本名胡剌，蓋州按春猛安人，大定二十五年進士。歷任太學助教、翰林文字、按察副史、刺史等職。宣宗時為節度使，抗蒙古軍，城破不屈而死。〔註276〕

71. 烏古論德升

本名六斤，益都路猛安人，章宗明昌二年進士。歷任令史、太常博士、衛紹王時任知弘文院、侍御史、防禦史。宣宗時為節度、知府、左監軍行元

〔註271〕參見前註，頁 2675。
〔註272〕參見李俊民，《莊靖集》（《九金人集本》），卷 8，〈題登科記後〉，頁 19 上。又嚴葛氏即粘割、粘葛氏，參見陳述前揭書，頁 6、7。〈題登科記後〉，《全元文》，第 1 冊，頁 47，作鈕赫希奭。
〔註273〕參見《金史》，卷 124，〈忠義傳四〉，郭瑕麻傳中所記，頁 2710、2711。
〔註274〕參見《金史》，卷 119，〈粘葛奴申傳〉，頁 2595～2597。
〔註275〕參見《金史》，卷 121，〈忠義傳一〉，頁 2649、2650。
〔註276〕參見前註，頁 2650。

帥府事，守太原抗蒙古軍，城破自縊而死。〔註277〕

72. 烏古論胡屯出

字國保，宣宗興定二年（1218）進士。身世欠詳。於哀宗末天興二年時，於蔡州任監察御史、同知鎮南軍節度使事。〔註278〕

73. 溫迪罕喜剌

字秀之，宣宗興定二年進士。身世欠詳。於哀宗末天興二年時，任禮部員外郎、息州行省院首領官。〔註279〕

74. 溫迪罕達

字子達，本名謀古魯，蓋州按春猛安人，明昌五年進士。歷任主簿、判官、監察御史。宣宗時任太常少卿、侍御史，上疏諫論伐宋，後仕至節度使。〔註280〕

75. 溫迪罕惹失

生平欠詳，為哀宗正大元年（1224）時策論進士考試讀卷官，〔註281〕當為通漢學之士。

76. 兀顏訛出虎

隆安府猛安人，族系或為烏桓人。大定二十八年進士。歷任令史、治書侍御史、防禦、節度使，後於宣宗時任節度兼經略使，抗禦蒙古軍，城破而死。〔註282〕

77. 烏延（兀顏）銳

生平欠詳。衛紹王時曾任南京路單州刺史（山東單縣），後仕為戶部郎中，有〈單州烏延太守去思碑〉，記載其政績，得民人愛戴而立碑，碑文中言其好學不倦而得進士第，在任內「勸課農桑，興修學校，敦孝悌、別長幼，未及

〔註277〕參見《金史》，卷122，〈忠義傳二〉，頁2658、2659。

〔註278〕參見《汝南遺事》，卷3，頁719。

〔註279〕參見前註，頁705。

〔註280〕參見《金史》，卷104，〈溫迪罕達傳〉，頁2293、2294。

〔註281〕參見金光平、金啟琮，〈女真語言文字研究・女真進士題名碑譯釋〉，轉引自薛瑞兆前揭書，頁205。

〔註282〕參見《金史》卷122，〈忠義傳二〉，頁2674。兀顏即烏延，為同字異譯。兀顏姓來自兀顏部，族系或出自烏桓，參見陳述前揭書，〈金史氏族表〉，「前言」，頁1、2。

期年，風俗丕變」，比之為漢代黃霸、文翁之流。〔註283〕知其為進士之外，又為倡導實踐漢學之良吏。

78. 紇石烈胡失門

上京路猛安人，章宗明昌五年進士。歷任令史、判官、直學士、右諫議大夫。宣宗時伐宋為帥府參議官，後為知府、御史大夫兼大司農。〔註284〕

79. 紇石烈德

字廣之，真定路山春猛安人，章宗明昌二年進士。歷任教授、監察御史、刺史。宣宗時任節度、轉運使、東京留守，仕至工部尚書。〔註285〕

80. 赤盞（石盞）尉忻

字大用，上京人，章宗明昌五年進士。歷任令史、監察御史、刺史、防禦、統軍史等，後拜參知政事兼修國史，被推為宰相之才。哀宗時為尚書右丞相，敢於進諫，後於汴京崔立之變時自縊死。〔註286〕

81. 赤盞師直

為赤盞暉之子，為進士及第。餘不詳。〔註287〕

82. 夾谷守中

本名阿土古，咸平人，大定二十二年進士。歷任主簿、令史、監察御史、修起居注、刺史。衛紹王時任防禦、節度使，後死於西夏戰事。〔註288〕

83. 夾谷石里哥

上京路猛安人，章宗明昌五年進士。歷任判官、令史、翰林待制。宣宗時有戰功於平內亂，破宋軍等，仕至節度使。〔註289〕

84. 抹撚盡忠

本名彖多，上京路猛安人，大定二十八年進士及第。歷任按察、修撰、刺史等，章宗時為尚書右丞、行省。宣宗時進拜左丞、都元帥，貞祐南渡，

〔註283〕參見《金文最》，卷40，頁15下、16上。碑文作者張某人，失其名字。
〔註284〕參見《金史》，卷104，〈紇石烈胡失門傳〉，頁2300、2301。
〔註285〕參見《金史》，卷128，〈循吏傳〉，頁2772、2773。
〔註286〕參見《金史》，卷115，〈赤盞尉忻傳〉，頁2532。
〔註287〕參見《金史》，卷80，〈赤盞暉傳〉，頁1807。
〔註288〕參見《金史》，卷121，〈忠義傳一〉，頁2642。
〔註289〕參見《金史》，卷103，〈夾谷石里哥傳〉，頁2277。

盡忠為左副元帥與右丞相完顏承暉守中都，後承暉自殺，盡忠棄守至汴京，
仍拜平章政事，對史官之職及近侍人選有所建言，後因政爭，告以謀逆而死。
〔註290〕

85. 烏林荅乞住

大名路猛安人，大定二十八年進士。歷任令史、按察、刺史、節度等職。
宣宗時為元帥右都監，領兵援中都而戰死。〔註291〕

86. 顏展（盞）世魯

又名天澤，字潤之，為章宗明昌五年進士。生平欠詳，僅知於哀宗末任
尚書右丞。〔註292〕

87. 尼龐古蒲魯虎

中都路猛安人，章宗明昌五年進士，歷任令史、刺史、翰林待制、知府
等職，後為陝西宣撫副使兼節度，死於對蒙古戰事。〔註293〕

88. 裴滿思忠

本名蒲刺篤，字正之，為章宗承安二年（1197）進士，生平欠詳。哀宗
末任汝州防禦使，守禦汴京，與烏古孫仲端為同年進士（見前述）。〔註294〕

89. 納合蒲刺都

大名路猛安人，章宗承安二年進士。歷任教授、節度副使。宣宗時任節
度、知府、戶部尚書，於國政多所建言。後為元帥右監軍，死與於對蒙古戰
事。〔註295〕

90. 伯德維

奚族人，字公理，佔籍中都路和魯胡千戶所，章宗承安五年經義進士。
其生平欠詳。〔註296〕是以經學為其漢學之專長。

〔註290〕參見《金史》，卷101，〈抹撚盡忠傳〉，頁2227～2230。
〔註291〕參見《金史》，卷122，〈忠義傳二〉，頁2673。
〔註292〕參見《汝南遺事》，卷3，頁737。
〔註293〕參見《金史》，卷122，〈忠義傳二〉，頁2673、2674。
〔註294〕參見《金史》，卷124，〈忠義傳四〉，頁2702。
〔註295〕參見《金史》，卷122，〈忠義傳二〉，頁2663、2664。
〔註296〕參見李俊民，《莊靖集》，卷8，〈題登科記後〉，頁18下。伯德維為奚族人，
　　　　伯德氏為奚王族五姓（伯德、遙里、奧里、梅知、揣）之一，見《金史》，卷
　　　　67，〈奚王回离保傳〉，並「贊語」，頁1587～1589。

91. 斡勒業德

生平不詳。為宣宗興定五年（1221）策論進士狀元。〔註297〕.

92. 陀滿胡土門

字子秀，策論進士（年代不詳）。曾任翰林待制，宣宗時為知府，破西夏軍，後任為節度使，元帥右監軍、知府等職。哀宗初為臨洮府總管，抗蒙古軍被執，不屈而死。〔註298〕

93. 斜卯愛實

字正之，策論進士（年代不詳）。哀宗初為直學士兼右司郎中，於朝政多所建言。後為中京留守。〔註299〕

94. 烏庫哩蒲鮮

字嘉甫，哀宗正大四年（1227）進士。生平欠詳。僅知蒲鮮於金末天興二年（1233）時任職左右司郎中，奉命往蔡州偵查城池、兵糧等，以為遷都之準備。〔註300〕

95. 移剌克忠

契丹人，字成之，衛紹王崇慶二年（1213）詞賦進士。生平欠詳。知克忠於金末天興二年時任職左右司官。〔註301〕

哀宗正大元年（1224），「賜策論進士孛朮論長河以下十餘人及第」，〔註302〕此次女真進士錄取之名單共二十人，包括三甲、恩榜等，列之於下：〔註303〕

96. 孛朮論（魯）長河（哥）

河北東路內告河猛安人。曾參與崔立汴京之變，官御史中丞。〔註304〕

97. 會蘭木吉達

東北路札合吉猛安人。

〔註297〕參見《金史》，卷51，〈選舉志一〉，頁1143。
〔註298〕參見《金史》，卷123，〈忠義傳三〉，頁2687、2688。
〔註299〕參見《金史》，卷114，〈斜卯愛實傳〉，頁2514～2516。
〔註300〕參見《汝南遺事》，卷1，頁670、671。
〔註301〕參見前註，卷2，頁692。
〔註302〕參見《金史》，卷17，〈哀宗紀上〉，頁375。
〔註303〕參見薛瑞兆前揭書，頁207～209。
〔註304〕參見《金史》，卷18，〈哀宗紀下〉，頁397。卷115，〈完顏奴申傳〉，頁2525，〈崔立傳〉，頁2527。

98. 王奴失

洺州曲周縣人。當為改易漢姓之完顏氏。〔註305〕

99. 阿罕把賽因

西北路宋哥里答合猛安人。

100. 兀顏脈忒厄

隆安府路失剌古山猛安人。

101. 張住兀塔

中都宛平縣人，當為改易漢姓之顏盞氏。

102. 納合綽脫牙

西南路押懶河猛安人。

103. 完顏完者

東平府路蒲底山猛安人。

104. 完顏鈞

雄州路徒門必罕猛安人。

105. 夾谷□比速

頻府路猛安人。

106. 紇石烈□蘭

河北西路隆山春猛安人。

107. 愛申失卜阿

河北東路舍厄猛安人。

108. 奧屯兀魯

河北西路忽□猛安人。

109. 尤虎厄特

合懶路合懶猛安人。

110. 會蘭合打

河北東路訛都厄猛安人。

〔註305〕完顏氏漢姓為王，參見《金史》附〈金國語解〉，「姓氏」條，頁2896。以下女真改易漢姓者，均依此。

111. 張阿海

東京遼陽縣人，當為改易漢姓之顏盞氏。

112. 兀撒惹朱勒

大名府路和卓吉猛安人。

113. 完顏納都悟夫

東平府路蒲底山猛安人。

114. 裝滿古

婆速路宋割魯山猛安人。

115. 薩合烈兀忽

移里閔州路□河猛安人。

有失年代姓名者，以及賜策論進士及第十數人，除前文曾列出者外，其餘就所知列之於下：〔註306〕

116. 溫迪罕某

進士及第年不詳，名字亦不詳，儘知其官至正奉大夫、工部侍郎。

117. 完顏奴忽

河北西路都特甲猛安人。

118. 合速嘉忽屯剌

大名府路□歡猛安人。

119. □□斡晚

雄州路梅堅猛安人。

120. 交魯胡速魯改

合懶路泰申猛安人。

121. 會蘭完初

河北東路訛特厄猛安人。

122. 交魯忽通吉

婆速路□□山猛安人。

〔註306〕據薛瑞兆，《金代科舉》，頁242、248、249補。

123. 溫迪罕阿鄰

東平府路石□猛安人。

124. 抹撚完者

東平府路僝蠢猛安人。

125. □兒□阿

北京路出團猛安人。

前文曾提及金代中、晚期有關於德運的議論，參與議論的朝官不論女真、漢官應都是通經史漢學者。宣宗朝的德運議論，除去漢士大夫外，女真官員有資料可言者，已於前文中引舉數人，其餘尚有數人，限於資料僅能得知其姓名，但生平不詳，無法多作說明，但仍屬於晚期晚學範圍之內，續列舉之如下，其資料根據仍為《大金德運圖說》，不再註明。

126. 完顏烏楚

有〈德運議〉文留存，或即為烏延烏出？

127. 完顏伯特

128. 蒲察（富察）烏葉

129. 蒲察（富察）阿里巴斯（阿里不孫、伊爾必斯）

130. 紇石烈（赫舍里）烏嚕

131. 阿哩哈希卜蘇

132. 富珠哩阿拉

133. 穆延烏登

有〈德運議〉文留存。

此外，在碑刻史料中尚有些許線索可供參考，如名士揚奐所作〈大金重修府學教養之碑〉，立碑於陝西京兆府學，時間為哀宗正大二年（1225）。〔註307〕碑文中與漢學有關者續列如下：

134. 完顏合達

名瞻，字景山，以武勇任親軍。宣宗朝平兵變、抗蒙古、宋、西夏等軍，

〔註307〕參見《金石萃編》，卷158，頁35下～39下。

屢為軍帥領兵。哀宗正大元年仕為權參政、行省京兆，後於三峰山之戰為蒙古軍所破，走亡鈞州，城破被殺。〔註308〕立碑時即合達行省京兆時，碑文中稱譽其重儒興學，故為漢學倡行者。另有行省參議，京兆知府石盞公，但失其名。

135. 裴滿蒲先

生平未詳。為行省郎中，時任儒學提舉。

136. 裴滿世論

生平未詳。為行省都事。碑文中言其與蒲先皆為儒學提舉，並說二人「胸中萬卷書，筆下數千言，道學淵源，為世摹範」，故知二人必為通經史漢學者，且適任為儒學提舉。

137. 兀顏德正

生平未詳。為奉正大夫，時任府學教授，並言其與邢邦用教授「皆當世聞人，老於學問」，因此任為教授。

138. 蒲察貞固

生平未詳。時任府學直學。

139. 顏盞公直

生平未詳。時任府學直學。

140. 蒲鮮元慶

生平未詳。時任府學學錄。

141. 蒲察成

生平未詳。時任府學學正。

142. 溫迪罕明道

生平不詳。全真教道士于道顯有〈贈溫迪罕明道〉詩，故知其應有漢學之研習。〔註309〕

143. 昔寶味也不干

生平不詳。僅知其為進士出身，金亡後歸於元朝。〔註310〕

〔註308〕參見《金史》，卷112，〈完顏合達傳〉，頁2463～2470。
〔註309〕參見《全遼金詩》，中冊，頁1691。
〔註310〕參見《元史》（北京市，中華書局，1983年），卷154，〈謁只里傳〉，頁3642。

144. 抹撚仲寬

當為金末元初人，曾以儒學注《道德經》，有獨到之見解，其弟子董自損刊印仲寬之書，求序於楊維楨，言其注解為「實訓詁諸家所未見也」。〔註311〕

145. 伯特繼昌

家世不詳，或為奚族伯德氏。元初王惲稱他為「灞陝舊將軍也」，當為金末關中武將，元初退隱居於鄧州，自號「樂閒老人」，與王惲有「襟抱不期同而同者」的交往，索詩於王惲，應有漢學教養。〔註312〕

146. 高　彝

渤海女真人，家世頗顯貴，為進士出身，官至潞州（山西長治）節度使，於金末棄官隱居於山西上黨，教學於鄉里，當有漢學研習。〔註313〕

在漢文化裏，士大夫之間常有詩文來往、唱酬等，由其中可尋得各種資料與消息。金代女真等北族既多接受漢文化，自然易沾染此種風氣，若能詩文來往，當有漢學之研習。除前述已列出之人物外，尚有許多有姓無名，或列姓與官職、身份者，不詳者，如徒單內奉、納蘭縣令、唐括相公、紇石烈先生、顏盞大師等等不下二、三十人，此處就不再討論。又如有碑文記姓、家世、仕歷等，但不及姓名，殊為可惜，如前述武曦於宣宗貞祐五年（1217）記〈乾州刺史抹撚公德政碑〉，言其為河北大名顯族，「性通敏博學，尤深於易理」，即為最佳之漢學例子，〔註314〕但據碑文中資料，卻一時難以查出其名字，是可惜之例証；唯本文仍收入。

五、漢學其他相關資料

金代北族三期漢學的情形概如上述，大體以有較具體的資料為主，但其他相關的資料還可以說明北族的漢學。首先是女真策論進士、這些進士都是漢學研習者，錄取的人數史料記載並不一致，部份是進士已如前文所述，尚有許多進士未見有姓名記載。自從世宗大定十三年（1173）首開策論進士，至

〔註311〕參見楊維楨，〈抹撚氏注道德經序〉，《全元文》，第41冊，頁303。文中言「金人抹撚氏仲寬」，當指金亡後入元之士，而抹撚氏未見有漢人受賜此姓者，故以為女真人，見陳述前揭書《金史拾補五種》，〈金賜姓表〉，卷2，頁183～185。

〔註312〕參見王惲《秋澗集》，卷10，〈樂閒老人歌〉，頁10下～11下。

〔註313〕參見虞集，〈高莊僖公神道碑〉，《全元文》，第27冊，頁281～286。

〔註314〕參見《金文最》，卷41，頁4上～5下。

金末哀宗正大元年（1224），五十二年間共錄取約六百人上下，其間有些時間並未舉行策論進士考試；其最大量約可達九百人至一千人左右。〔註315〕照此推論，研習漢學的女真進士多在中、晚期，而以中期世、章宗二期取士較多，但生活的年代可能中、晚期各居一半。策論進士及第的人數以上述為根據，但參加考試的人數則不只此，若以章宗時定制，策論進士三人取一為準，〔註316〕則曾研讀漢學而參加考試者，將有近兩千人至三千人左右。

在金代選舉中有武舉，武舉考試要「問孫、吳書十條，能說五者為上等」，中等為十條通四條，下等為十條通三條，但不知書者，各降一等，〔註317〕即除武事技藝外，要考漢學兵書，若北族參加武舉考試，則當有漢學研習，但史料中不易見到明確例証，僅知有北族武舉及第出身之人，是知漢學或不知書者，難以考察，可供作參考。

其次，在學校教育制度中也可能見金代北族子弟的漢學教養。國子監學始設於海陵帝天德三年（1151），後定制為詞賦、經義生百人，小學生百人，以宗室、外戚皇后大功以上親、諸功臣及三品以上官員的兄弟子孫年十五以上者入學，不及十五歲者則入小學讀書。世宗時立太學，但入學者有五品以上官員兄弟子孫。府學十七處，初以參與廷試，及宗室皇家祖免以上親者，並得解舉人等入學。州學以五品以上官、隨朝六品官之兄弟子孫等得入學。此外另有節鎮、防禦州學等。〔註318〕這些學校生員主要是官員子弟，但其中也應有北族官員子弟，而明顯地有皇親國戚、宗室等子弟在內。說明北族子弟由金初的晚期到中葉世宗時，得有機會入各種學校，並研習漢學；而後世宗朝更進一步擴大了漢學的研習。

〔註315〕參見薛瑞兆，《金代科舉》，〈金代科舉年表〉，頁316、317所載，其中部份人數是以大約估計，而且根據資料亦未註明，又錄取人數與前文往往不合，如言世宗朝取策論進士近二百人，見頁119。章宗朝取策論進士四百餘人，見頁149。衛紹王兩次科舉，三科進士為二百人左右，見頁181。宣宗朝三次科舉，策論進士有二次及第人數，見頁189。哀宗朝三次科舉，策論進士有二次及第人數，見頁204。由於資料不足，難以得到較完整數額，因此部份人數應是推斷所得，但部份卻無推斷而呈空白。若依策論進士錄取三十～五十人，來補入無推斷的年度，則可能總數為五百八十人～六百六十人左右。依薛瑞兆所列及文中所述，金代策論進士的最大量估計可達九百人左右。但據都智興前揭書言，約有八百～一千人左右，見頁66。
〔註316〕參見《金史》，卷51，〈選舉志一〉，頁1144。
〔註317〕參見《金史》，卷51，〈選舉志一〉，頁1151。
〔註318〕參見前註，頁1131～1133。

　　更直接對北族子弟實施漢學教育的是女直學，世宗大定四年（1164）設立，教學內容為女真文翻譯的經書，即受教的是傳統漢學內容，學生來自各猛安謀克內選擇的良家子，各路生員達三千人，大定九年時又由其中挑選「尤俊秀者百人」到京師，由名儒教授課業。後科舉策論進士，又特設立女直國子學，各路設女直府（州）學，共二十二處。國子學生員百人、小學生百人。各女真學的生員，每謀克取二人，宗室每二十戶取人入學，若有不願入學者，空額可由有物力家子弟二十歲以下、十三歲以上者得入學。〔註319〕專為女真人所設的各種學校，以諸路學生三千人而言，若由世宗期算起，到金末哀宗時，約有七十餘年，以七年為一屆，若持續不斷，將有女真學生約三萬人左右，若計至宣宗貞祐二年（1214）南渡遷都汴京，約有五十年時間，以受學的女真生員約有兩萬餘人。以此為基礎，則金代漢學研習的人數大略可知。

　　其三，是護衛親軍及侍近職務者也曾有受漢學教養。世宗大定二十三年（1183）以女直字《孝經》千部，由副點檢司分賜給護衛親軍，〔註320〕則親軍受漢學之教養可知。至章宗時更加注重教養護衛及承奉近侍等，大定二十九年初即位時，令護衛、符寶、奉御、奉職、侍直近密等，「當選有德行學問之人為之教授」，〔註321〕所教授者應是漢學之內容，若確實實踐這項措施，則至少章宗以後，擔任護衛、符寶等侍近之職者，應該都受到粗淺的漢學教養，這個數目也應有相當的數量。泰和三年（1203）時，章宗詰問點檢司，親軍所設的教授及授業人數多少？教法如何？受學人中能通大義者幾人？〔註322〕似乎對親軍教養的措施始終未斷，也頗為受到重視。次年，又下詔令，要親軍年三十五以下學習《孝經》、《論語》，〔註323〕至少規範了親軍青、少年者必須研習儒家的二部經典。

　　世宗頒《孝經》給護衛親軍，此前親軍教養恐未受到重視，故多有不識字者，〔註324〕而後為加強教育、提高素質，唯有教以漢學為基礎。親軍

〔註319〕參見前註，頁1133、1134。又女直學生員以每謀克取二人，在世宗大定二十三年時，有一千八百七十八謀克，則可取三千七百餘人，或有些謀克未以子弟參選就學，但稱有三千人入學應極接近其實況。謀克數見《金史》，卷47，〈食貨志二〉，頁1064。

〔註320〕參見《金史》，卷8，〈世宗紀下〉，頁184。

〔註321〕參見《金史》，卷9，〈章宗紀一〉，頁210。

〔註322〕參見《金史》，卷11，〈章宗紀三〉，頁261。

〔註323〕參見《金史》，卷12，〈章宗紀四〉，頁270。

〔註324〕參見《金史》，卷8，〈世宗紀下〉，頁194。大定二十六年時，世宗言：「親軍

的數量，世宗初為四千人，後減為三千，章宗時又增為五千、六千人，同時還有其他弩手、近侍護衛等。〔註325〕親軍數量增加及晚期各朝數量不詳，以世宗至哀宗七十年，退伍遞補相乘，難以估計其數，而且未必所有親軍確實受到漢學基礎教養，故僅能供參考，了解還有相當數量的親軍有過漢學的研習。又侍近之職如符寶、奉御之類，雖人數有限，同樣在漢學教養上可供作參考。

其四，貴族的漢學教養。始於太祖時，在前文初期漢學部份已有言及，宗室、貴族諸子受漢學教養得力於遼、宋漢人所為，其後應仍繼續承襲這種情況，故而在論述金代北族漢學時，能見到不少宗室、貴族的漢學研習，於此不再重複。在學校教育、東宮教育裡，也有宗室、貴族子弟的學習機會。以宗室而言，根據陳述作的〈宗室表〉，列出太祖以下七世共得二百七十四人，除去九帝外，可得二百六十五人，其中有早夭者、有失名者，不能盡詳，〔註326〕這二百餘人宗室（包括前文所述三期漢學的宗室人物），若承襲金初使諸皇子受學的傳統，又是可供參考的資料，但在本文中則僅找出一成餘的人數。

在貴族方面，除前文提到的漢學情形外，還有襲猛安、謀克職位之人，但前文所舉漢學是以較具體的資料而列出，距其他史料所言還有極大的差距。世宗大定二十六年，因親軍完顏乞奴建言，定制要猛安、謀克皆先讀女直字經史，然後始能承襲，目的是使其稍通古今，則不至於為非作歹。〔註327〕這是以研習漢學來提高北族猛安、謀克的水準所行的措施。而這措施似成為政策來執行，故在學校教育的制度中，如前文所言，設有女直學供猛安、謀克子弟入學，又定制為每謀克取二人就讀國子學、府學等。猛安、謀克的世襲須有漢學經史教養，若以世宗時猛安二〇二、謀克一八七八，則世襲者當有三千餘人是具有漢學基礎者，又若世宗至金末都執行這種方式，以世襲二代言，將有六、七千人受過漢學習讀，其中也有可能與前述學校教育中的受漢學人數重疊、或部份重疊，供作參考。

雖不識字，亦令依例出職」，可知當時恐多數親軍皆未受學。

〔註325〕親軍之數額參見《金史》，卷44，〈兵志〉，頁1001、1002，另見卷8，〈世宗紀下〉，頁190。

〔註326〕參見《金史拾補五種》，頁9～36。

〔註327〕參見《金史》，卷8，〈世宗紀下〉，頁192。

六、結論——金代北族漢學之分析

　　金代北族之漢學已概如上述，今據所列作一分析表，表中所列為研習者即指未見所學專長，一般通習漢學者，專長及研習者若有倡行記錄，則於倡行欄再計入，而專長及著作係以人次計，因之表列總人數（次）會超過前文所列人數。又諸子、佛、道、曆法、兵書等列入子部、畫繪、雕塑、書法併列入藝術部，律令、制度等列入史部，著作以史料所載及具體可見詩詞文章等為依據，至於史籍所載言語、奏章等，因未必為其本人親自所作，也未必與漢學有關，幾乎皆未列入。表中所列資料的統計與判準難免有所疏漏，大體應極少差誤，應可供參考。

〈金代北族漢學表〉

期別	族系					以人次計專長（作品）							
	宗室	女真	契丹	其他	總計	研習	倡行	經	史	子	集	藝	醫	總計
初	12	11	8	2	33 12.8	22	6	0	3 (3)	0	4 (3)	0	0	35, 11.5 (6), 9.5
中	17	51	11	0	79 30.6	38	7	12 (4)	18 (10)	5 (2)	17 (13)	9 (6)	1	107, 35.1 (35), 55.6
晚	6	126	9	5	146 56.6	109	8	12 (1)	10 (2)	2 (1)	17 (14)	5 (4)	0	163, 53.4 (22), 34.9
總數	35 13.6	188 72.9	28 10.9	7 2.3	258 100	169 55.4	21 6.9	24, 7.9 (5) (7.9)	31, 10.2 (15) (23.8)	7, 2.3 (3) (4.8)	38, 12.5 (30) (47.6)	14, 4.6 (10) (15.9)	1, 0.3	305, 100 (63), 100

　　上表中計得金代北族漢學人物為二百五十八人。由族系方面來看，以女真人為主體，資料亦較多，人數故多，佔有八成半左右。金代北族漢學由初、中、晚期人數遞增，幾乎是加倍成長，說明漢學在北族族群中快速被接受、研習的情形。初期以宗室居首，是因於政治上的優勢，有較佳的機會與環境

習得漢學，其次的女真族群也居於次有的優勢，多為貴族親信家世。契丹人的情況類似。中期漢學宗室研習漢學略增，女真族群則大增，一則因初期之末、中期之初，經熙宗、海陵帝的大力推行漢化，至於中期漢化全盛之時的影響，二則是世宗創立女真進士、女真學校教育，以漢學經史譯刊講讀所造成。契丹人略增也應與此有關。即中期已形成漢學的學風與制度，到晚期則更可看見其成果，女真族群族屬本繁，人數也應居於北族中研習漢學的首位，但宗室銳減，除資料原因外，可能有政治因素，部份宗室受到教育上的限制。契丹族人三期漢學研習情況變動不大，其他北族的漢學研習頗少，至於中期未有相關資料，初期的二人為奚族，幾乎可列入同契丹族群，晚期則蒙古、回鶻、奚族各有一筆資料。總計金代漢學研習以女真族資料最多，共有二百二十三人（包括宗室三十五人在內），為其他北族的六倍餘，充分顯示出女真人對漢化的接受。〔註 328〕

在漢學的倡行方面，資料頗少，主要是以史料記載較明顯者始計入，實際上不論漢人或北族官僚，尤其是地方官員，本來對教育、選舉即負有職責，依此則應是與倡行漢學有關，但少見具體的倡行資料。研習者由初、中、晚期遞增，尤以晚期遞增為前二期的三、四倍餘，這與族系方面女真族人晚期遞增的情形相似，也說明在北族群中尤其女真人對漢學研習的日趨於盛。其次，因史料中所見漢學研習的專長有限，記載不明確，甚至僅知其有漢學教養，難見其專長所在，故而都計入為研習者之中，因之，三期的漢學也都以研習者居於首位。

在漢學專長方面，初期僅見史學、文學二種。都是在初期開始接觸到漢文化環境中，難以有稍多的研習，自不易見到有多少資料。中期時，各種類專長都具備，以史學、文學最多，難得有經學專長居於第三位，藝術類居於第四，也頗為難得，有醫學一人為烏惹部人張子厚，也是三期漢學中所僅見；惜未見其他相關資料。晚期漢學以文學居首，與中期相當，其次為經、史二類，經學相當於中期，以史學差距中期較多。藝術類居於第四，略遜於中期，子部之學可得二人，差於中期較多。三期漢學專長整體來看，以文學居首，總數為三十八人次，史學居次，總數為三十一人次，經學居第三，有二十四

〔註 328〕關於金代宗室的儒學研習，參見李玉君，《金代宗室研究》（長春市，吉林大學博士論文，2010 年），第六章所論。金代女真人的儒學，參見列輝，《金代儒學研究》（長春市，吉林大學博士論文，2008 年），第四章所論。

人次，居第四的是藝術類，有十四人次，大體也是三期中各類專長的排序，差距甚微。若將人次改以人數來看，約可減少二成左右，在整個漢學研習人數中，約三人中即可見到一類專長，或可說明史料中所見，北族漢學研習付出的心力，以及具有相當的水準。

在漢學研習的作品與成果方面，全部成果有六十三件（次）。三期都以文學作品居於首位，總量上文學高出甚多，達三十件，約占全部各類成果之半。其次為史學，達十五件，藝術與經學分別居於第四、第五。文學類在金代北族中有文集者為中期的完顏允成、徒單鎰、耶律履三人，在晚期有完顏璹（密國公）一人。初期漢學人物以完顏希尹較為突出，但並非在漢學中的成果表現而言，是以其創制女真文字（大字）、定法律、使諸子習漢學各方面而言。中期以世宗之子完顏允恭、允成兄弟為著名，二人在文學、藝術方面都有傑出的表現，經史亦有其基礎，是才藝之士。而允恭之子如完顏琮、完顏瓊也都承襲家風，都是才藝之士，為金代皇族中有漢學特色的家族。契丹皇族之後耶律履為通四部之學者，藝術上又以繪畫著名，能造作曆法，有文集著述，為難得的通才。其他如徒單子溫譯漢籍經史，徒單鎰通經史為教授，並有著作文集。溫迪罕迪達譯經籍，精深漢學而教授學校等。

晚期漢學人物以密國公完顏璹為著名，璹以詩文並書法藝術稱著，有文集、畫冊，並為藝術評鑑、收藏家，又治史為《通鑑》之學，與中期完顏允恭兄弟類似，為金代宗室在漢學上最為突出之人。完顏素蘭精通經史，為經筵講席，又編訂經史書冊以備時政。完顏陳和尚以領忠孝軍武將著名，但好學勤奮，從名士受學經學、習書法，為武將中力習漢學的特出人物。尤虎筠壽為親軍衛士出身，但勤學經史、律令，苦讀治儒術，並教授諸子學習。尤虎邃苦學詩章，交遊儒士講論，作詩有唐人風格。石抹世勣為詞賦、經義兩科及第，甚為少見。張澄孤苦家貧，勤學讀書，著有詩集。

通觀金代北族之漢學，史料中幾乎都呈現出女真族群之漢學，佔逾九成左右，契丹族群約佔一成，其他極為罕見。北族漢學以文學最著，但經史研習也不得輕視，僅略差於文學，說明漢學程度並非詩詞歌詠而已。藝術表現也不弱，而繪畫多喜墨竹為特色，且文學與藝術多得到時人及元人所稱譽。由於受到具體史料所限，舉出的漢學情形未能總括全面，透過相關記載，由教育、科舉及詔令規章所定，基礎的漢學研習在北族中有其一定的普遍性，範圍所及也應較廣，照此推斷要比所列舉之數多出甚多，或有百倍不止。